河合 敦

殿様は「明治」をどう生きたのか

扶桑社文庫
0732

はじめに

本書は、最後の殿様たちの生き様を紹介したものである。明治四年（一八七一）、新政府は東京に約七千の兵（御親兵《ごしんぺい》）を集め、その軍事力を背景に「今後は藩を廃止して県（新たな行政区）を置き、各県には中央から県令《けんれい》（政府の役人。のちの県知事）を遣わす」と宣言した。この廃藩置県により、一瞬にして全国二百六十以上の藩が消滅した。以後、知藩事《ちはんじ》（旧大名）は国元から切り離され、東京居住を強要された。

こうして新政府は政治的統一を成しとげたわけだが、戊辰《ぼしん》戦争で勝った殿様も負けた殿様も、有無を言わさず一緒くたに領地を没収され家臣団を解散させられたのだ。こうした例は世界史的に皆無であり、ある意味、革命といっても過言ではなかろう。

では、にわかに土地を失い、支配者としての立場から転落した殿様たちは、それからの明治の世をいかに生きていったのだろうか。

そうした疑問が、本書を執筆する最初の動機であった。

実際に調査していくと、じつに多種多様な生活を送っており、劇的な生き方をした殿様も少なくないことが判明した。

本来なら、すべての殿様を紹介したいのだが、紙幅の都合上、幕末維新で有名な人物や波瀾万丈な人生を送った人物だけにしぼることにした。

戊辰戦争で勝者となった元土佐藩主の山内容堂《やまうちようどう》——彼は新政府のやり方が不満で仕方なく、酒におぼれて明治五年にその生涯を閉じてしまった。一方、大減封のうえ静岡藩初代藩主となった徳川宗家十六代の家達《いえさと》は、明治の世で大いに政治的手腕を発揮し、天皇から組閣を命じられるほどの大政治家となった。新政府に抵抗した請西《じょうざい》藩主・林忠崇《はやしただたか》は、一時はみずから農業をしなくてはならぬほど生活に困窮してしまった。

このように、同じ殿様でも千差万別なのである。もし本書を読んで興味を覚えていただけたなら、今度はぜひ、あなたの故郷の殿様をご自身で調べてみてはいかがだろうか。もしかしたら、驚くべき事実がわかるかもしれない。

令和二年十二月　河合敦

殿様は「明治」をどう生きたのか▼目次

はじめに――2

第一章　維新の波に抗《あらが》った若き藩主たち

松平容保（会津藩）　朝敵にされた悲劇の大名――8
松平定敬（桑名藩）　容保と行動をともにした実の弟――20
林忠崇（請西藩）　藩主みずからが率先して薩長と戦う――32
徳川茂承（紀州藩）　敗走した旧幕府軍兵をかくまう――46

第二章　最後の将軍・徳川慶喜に翻弄された殿様

徳川昭武（水戸藩）　兄慶喜の身を案じた仲の良い弟――62
松平春嶽（福井藩）　徳川慶喜に裏切られ通しの坂本龍馬の理解者――78

山内容堂（土佐藩）　晴らせぬ鬱憤を酒で紛らわせる――92
徳川慶勝（尾張藩）　実の弟容保と刃を交え、旧家臣たちに心を砕く――108
徳川家達（静岡藩）　幼くして徳川宗家を継いだ十六代目当主――120

第三章　育ちの良さを生かして明治に活躍

蜂須賀茂韶（徳島藩）　祖先の不名誉な噂を払拭するために外交官や官僚として活躍――140
浅野長勲（広島藩）　三人の天皇と心を通わせた最後の大名――152
岡部長職（岸和田藩）　長年の欧米生活で身についたマイホーム・パパ――168
上杉茂憲（米沢藩）　沖縄の近代化に尽くそうとした名門藩主――182
亀井茲監（津和野藩）　国づくりは教育にありを実践――196

巻末付録　江戸三百藩「最後の藩主総覧」――212

第一章

維新の波に抗《あらが》った若き藩主たち

松平容保

朝敵にされた悲劇の大名

天保六年（一八三六）～明治二十六年（一八九三）

まつだいら かたもり

美濃国高須藩主・松平義建の六男として生まれ、弘化3年（1846）に会津藩主・松平容敬の養子となる。嘉永5年(1852)に家督を継ぎ、文久2年（1862）には京都守護職に就任し、京都の治安維持にあたった。

慶応4年（1868）、鳥羽・伏見の戦いで敗れたのち、徳川慶喜とともに江戸に戻る。その後会津で新政府軍に徹底抗戦。敗戦後、東京で蟄居。晩年には日光東照宮の宮司を務めた。

会津藩《あいづ》

会津松平家の初代は、三代将軍・徳川家光の異母弟・保科正之で、幕府の要職につき兄の家光やその子家綱を補佐した。戊辰戦争での敗戦後、取り潰しとなるが、容保の子容大を藩主に立て斗南藩として再興を許される。

松平容保（茨城県立歴史館蔵）

不幸の始まり

歴史は、勝者がつくるもの。負けた側の言い分や弱者の声は消され、のちの世に残ることはほとんどない。新政府軍に敗れた会津《あいづ》藩も、長い間、賊徒としての汚名を着せられ、辛い立場を強《し》いられてきた。不幸の始まりは、九代藩主の松平容保《まつだいらかたもり》が京都《きょうと》守護職《しゅごしょく》を引き受けてしまったことにある。

幕末の京都は、長州《ちょうしゅう》藩を中心とする尊攘《そんじょう》（尊皇攘夷《そんのうじょうい》。天皇を敬い、外国勢力を排除しようとする思想）の志士が朝廷を牛耳るようになり、テロを行ったり、豪商など町人から金をせびる輩《やから》も多く、市中の治安は大いに乱れていた。

これに危惧を抱いたのが、前越前《えちぜん》藩主で幕府の政事総裁職《せいじそうさいしょく》・松平春嶽《まつだいらしゅんがく》である。

政事総裁職は、新設された幕府の最高職であった。春嶽ら首脳部は、それまでの京《きょう》都所司代《としょしだい》では事態に対応できぬと判断、京都所司代・大坂城代《おおさかじょうだい》・京都町奉行《きょうとまちぶぎょう》・伏見《ふしみ》奉行・大坂町奉行・奈良奉行の上位にあって、これらを統括し、畿内諸藩の軍事指揮権をもつ役職を設けることにした。それが京都守護職であった。

春嶽は、松平容保に京都守護職の就任を打診した。容保は、八代藩主・容敬《かたたか》の養子として九代会津藩主になった人で、もともと美濃国《みののくに》（岐阜県）高須《たかす》藩主（三万石）・松平義建《よしたつ》の六男として、天保《てんぽう》六年（一八三六）に生まれた。だからこのとき二十代の後半だったが、虚弱な体質であった。それに、給される役料だけでは到底守護職の仕事をまかないきれないことから春嶽の依頼を固辞した。けれど春嶽はあきらめず、わざわざ会津藩邸に赴《おもむ》いて説得したり、哀願する手紙を書いた。

京都守護職と会津の家訓

最終的に容保は、京都守護職を引き受ける決断をする。決定打となったのは、春嶽からの手紙だった。そこには、「土津《はにつ》公あらせられ候わば、必ず御受けに相成り申すべくと存じ奉り候」と書かれていた。土津公とは、会津藩祖・保科正之《ほしなまさゆき》のこと。つまり、「正之公なら、必ず引き受けてくださるでしょう」と記されていたのである。

これが、容保の忠義心に火をつけ、病身をおして同職を拝命する決意をさせたのである。西郷頼母《さいごうたのも》ら家老《かろう》はなおも反対したが、容保は家訓《かきん》第一条を口にした。この瞬間、誰もが口をつぐみ、異をとなえる者は霧散した。会津藩の家訓は十五カ条ある。そのうち第一条が、

「大君《たいくん》（将軍）の義、一心大切に忠勤を存ずべく、列国（諸藩）の例を以て自ら処るべからず。若し二心を懐かば、則ち我が子孫にあらず（略）」

というもの。すなわち「会津藩士は、将軍への忠節を第一とし、他藩のように行動

せず、将軍家に尽くせ」という意味である。

保科正之は、二代将軍・徳川秀忠《とくがわひでただ》の落胤《らくいん》だったが、恐妻家の秀忠は死ぬまで正之を我が子だと認知しなかった。その後、三代将軍・家光《いえみつ》が、弟である正之の存在を知り、その聡明さに感心して会津二十八万石（表高二十三万石）の太守《たいしゅ》に取り立てたのである。正之はこれにいたく感謝し、その恩に報いるべく、このような文言を家訓の冒頭にもってきたのだ。

いずれにせよ、京都守護職に就任した容保は、政争の中心地たる京都において、不逞浪士《ふていろうし》や尊攘派をよく取り締まった。とくに配下の新選組《しんせんぐみ》は、多数の浪士を捕縛した。ただ、浪士の多くは、のちに新政府の主力を構成する長州藩、土佐《とさ》藩の出身者だったから、会津藩に対する彼らの怨《うら》みは、非常に根深いものがあった。

将軍・慶喜の裏切り

大政奉還《たいせいほうかん》によって幕府は消滅、慶応《けいおう》四年（一八六八）正月、旧幕府軍は薩長を中心とする新政府軍と衝突する。この鳥羽《とば》・伏見《ふしみ》の戦いは旧幕府軍の敗北に終わり、前将軍・慶喜《よしのぶ》は配下を見捨てて大坂城から逃亡したのである。このとき容保も、慶喜に従った。君主としてあるまじき行為であった。

ただ、喜んで従ったわけではなかった。大坂城中で突然慶喜から江戸への随行を求められたのだ。驚いた容保は、徹底抗戦を訴えたが、慶喜は立腹してしまう。そこで困って「家老と相談させてほしい」と詰め所に行ったが、あいにく誰もいない。この間、慶喜はしきりに容保に随行を迫る。このような寸刻を争う状況に、ついに容保は家臣を置き去りにすることにしたのである。

江戸に戻った慶喜は、最初は抗戦を叫んで威勢がよかったが、まもなく恭順《きょうじゅん》の意を示し、新政府に憎まれている容保を遠ざけた。ひどい話だ。

松平喜徳（茨城県立歴史館蔵）
水戸藩主・徳川斉昭の十九男として生まれ、会津の松平家に養子に入り、容保の跡を継いで藩主となる

二月に入ると、容保は養子の喜徳《のぶのり》に藩主の座を譲って、新政府に恭順の意を表した。やがて、新政府軍に敗れた会津兵たちが続々と江戸に戻ってきた。当然、彼らは自分たちを見捨てた藩主に詰め寄った。このとき容保は江戸の藩邸に家臣を集め、素直に彼らに謝罪し、彼らとともに

会津へ戻ったのである。

仕組まれた朝敵

翌四月、江戸城は無血開城した。これにより、新政府軍は戦うことなく徳川家を制圧したが、これでは戦功を得たいと願う兵士たちの欲求を満たせない。どうしてもスケープ・ゴートが必要であり、そのターゲットとして会津藩が選ばれた。

そうした事情もあって、容保がいくら新政府に平身低頭して謝罪しても、それが受け入れられることはなく、慶応四年八月末、新政府軍が会津領になだれ込んできた。家中は、女も子供も老人も一致団結して戦うが、多勢に無勢、だんだんと劣勢に陥《おちい》った。やがて三万という会津軍の六倍以上の大軍に鶴ヶ城《つるがじょう》（会津若松城）を包囲され、連日激しい砲撃をあびた。およそ一ヵ月間、持ちこたえたが、城下は灰燼《かいじん》に帰し、矢玉も尽きた。九月十四日には、新政府軍の総攻撃が始まり、会津側に多大な犠牲者が出、鶴ヶ城も砲弾で穴だらけになり、見るも無惨な姿となった。

ここにおいて、容保は降伏を決意、九月二十二日、鶴ヶ城に大きな白旗をかかげさせた。こうして二十四日、鶴ヶ城が新政府軍に明け渡された。容保は城を去るさい、戦死者を葬った井戸や畑に献花して冥福を祈り、城内をめぐって家臣たちを慰労したのち、妙国寺《みょうこくじ》へ入った。

なお、降伏した会津藩に対し、新政府は戦死者の放置を命じたとされる。近親者を葬ることのできぬ遺族の無念さは、察するに余りある。しかも新政府は、会津藩の領地をすべて没収したうえ、藩士の身柄を越後高田《えちごたかだ》へ移し、二百年慣れ親しんだ故郷の地から引き離したのである。

家臣の犠牲

容保は、粗末な駕籠《かご》に乗せられて江戸へ護送された。死一等は減じられ、処刑はまぬがれることになったが、代わりに家老三名の首が要求された。戦中自刃した田中土佐《たなかとさ》、神保内蔵助《じんぼくらのすけ》のほか、もう一人、犠牲にせねばならぬ。その役を買って出たのが萱野権兵衛《かやのごんべえ》だった。これを知った容保は、萱野に次のような書簡を送った。

「私の不行き届きにより、このようなことになり、痛哭《つうこく》に堪えない。一藩に代わって命を捨てること、不憫《ふびん》である。最後に一目会いたいが、それはかなわぬこと。お前の忠義は、深く心得ている。このうえは、潔く最期を遂げてくれるようお頼み申す」

この書簡を目にした萱野は涙を流し、粛々と死出の途についたといわれる。

容保の身柄は鳥取藩主・池田慶徳《いけだよしのり》に預けられた。

当初、木戸孝允《きどたかよし》などは会津藩士を北海道へ移住させ、開拓に従事させようとしたが、士族に開拓作業はむずかしいということになり、計画は中止された。戦争中、容保の側室田代佐久が妊娠、明治二年（一八六九）六月に容大《かたはる》を産んだ。家老の梶原平馬《かじわらへいま》や山川大蔵《やまかわおおくら》（のちの山川浩）は、この容大を藩主として家名の再興を新政府に哀願した。

会津藩の再興を目指すも

新政府はこの訴えを聞き入れ、明治二年（一八六九）十一月に、会津藩の再興を許したが、二十八万石の大藩はたった三万石に削減され、領地として陸奥《むつ》や蝦夷《えぞち》地の荒野をあてがわれた。入植した藩士らは藩名を斗南《となみ》（主に今の青森県むつ市内）と改め、新地で生きようとしたが、貧困と飢えにさいなまれ、廃藩置県後、多くがその土地を離れた。容大は明治三年（一八七〇）九月に最果ての地・斗南へ向かった。翌四年七月末に容保も斗南の藩庁が置かれた円通寺《えんつうじ》へ入った。すでにこのとき、廃藩置県が決定していた。藩士を裏切った容保だったが、家臣は円通寺に殺到し、容保の顔を見て感泣した。

それから一ヵ月後、知藩事（旧藩主）の東京居住が決まり、容保は容大とともに東京へ戻ることになった。このおり容保は家中に、「お前たちと艱難《かんなん》をともにすることができぬのは、情において耐え難いが、やむを得ない。息子の容大が若年ながら藩主の職をまっとうできたのは、お前たちが艱難に耐え奮励してくれたおかげだ。ありがとう」と述べた。

この言葉を聞いた会津武士たちは、その場で号泣した。

宮司として生きる

明治五年（一八七二）正月、容保は正式に謹慎を解かれ、明治九年に従五位《じゅごい》を与えられた。朝廷から位階を授けられたことで形式的には賊徒の汚名も返上できたわけだ。だからといって、容保が華々しく活動するようになったわけではない。表には出ずにひっそりと暮らした。その生活の様子も、晩年の逸話もほとんど記録に残っていないことが、容保の気持ちを物語っていよう。実際容保は、旧臣の山川浩に、

「私のために命を落とした家臣は三千人にのぼるだろう。負傷して身体が不自由になった者や息子に先立たれて寄る辺のない者、飢えに苦しむ者も多い。すべては私の不徳の致すところだ。自分だけ贅沢《ぜいたく》な暮らしをしようとは思わない」そう述べたという。

明治十三年（一八八〇）、容保は日光東照宮《にっこうとうしょうぐう》の宮司に任命された。徳川宗家の菩提《ぼだい》

日光東照宮御仮殿
徳川家康の遺言によりつくられた霊廟で、家康は元和3年（1617）に改葬された

を弔《とむら》う職は、将軍第一と考えてきた容保には最もふさわしいものといえる。ただ、実際に日光へ赴いたわけではなく、翌年から明治二十一年（一八八八）までは会津を拠点としていた。やがて容保は、上野東照宮や会津藩祖・保科正之を祀る土津神社の祠官なども兼ねるようになった。なお、最晩年は東京で暮らしている。

明治二十六年（一八九三）、容保は病気になった。このとき孝明《こうめい》天皇の女御《にょうご》・英照《えいしょう》皇太后から牛乳が下賜《かし》された。すでに回復の見込みのない容保だったが、感泣にむせびながら、これを口にしたという。おそらくこのとき初めて、自分の罪が許されたという気持ちをもったのではないだろうか。

それからまもなく、容保は五十九歳の生涯を閉じた。

肌身離さず持っていた竹筒

容保は、長さ二十センチほどの竹筒を肌身離さず持っていたが、死後、それを開けると、なかから孝明天皇の御宸翰《ごしんかん》（直筆書簡）と御製《ぎょせい》（自作の和歌）が出てきた。一通は、容保が文久《ぶんきゅう》三年（一八六三）の八月十八日の政変で尊攘派を朝廷から駆逐《くちく》したときに賜った宸筆だった。孝明天皇は過激な尊攘派を嫌い、公武合体政策を支持していたから、以下のような文章が記されていた。

「憂患掃攘（尊攘派を一掃し）、朕《ちん》の存念貫徹の段（私の願いを貫いてくれたのは）、まったくその方の忠誠にて、深く感悦のあまり、右一箱これを遣わすもの也」そう容保を讃《たた》え、箱に入った和歌二首を贈ったのだ。

「私は朝敵ではない。世間が何と言おうが、天に恥じることはない。亡き孝明天皇が最もご信頼くださったのはこの私なのだから」

もちろん容保は、生前そのような弁明をする人ではなかった。ただ、この言葉を心の糧《かて》に後半生を生き、そして静かに逝《い》った。それが、会津武士の生き方だからである。

松平定敬

容保とともに行動をともにした実の弟

弘化三年（一八四七）〜明治四十一年（一九〇八）

まつだいら さだあき

美濃国高須藩主・松平義建の七男として生まれる。安政6年（1859）に桑名藩主・定猷が死去すると、初姫の婿養子として迎えられ、伊勢国桑名藩主となる。元治元年（1864）に京都所司代に任命され、兄・松平容保と行動をともにし、「一会桑（一橋・会津・桑名）」と呼ばれる政権を築く。戊辰戦争勃発後、藩としては新政府に恭順することを決めるが、定敬は徹底抗戦を訴えて、箱館に渡る。明治10年（1877）に勃発した西南戦争には旧藩士たちを率いて参戦した。

桑名藩《くわな》

徳川家康の四天王の一人本多忠勝が慶長6年（1601）に入り、その子・忠政が姫路に移ったあと、徳川家康の異父弟・松平定勝が入ったのちは、何度か異動があったものの、いずれも松平家が藩主となっている。

松平定敬（福井市立郷土歴史博物館蔵）

兄を慕い将軍・慶喜を支える

伊勢国（三重県・愛知県と岐阜県の一部）桑名《くわな》藩主・松平定敬《まつだいらさだあき》は会津藩主・松平容保《かたもり》の実弟であり、容保が京都守護職だった関係から元治《げんじ》元年（一八六四）に京都所司代《きょうとしょしだい》に任じられた。まだ十八歳の若者であったが、慶応《けいおう》二年（一八六六）以降、朝廷と折衝《せっしょう》できるまでに成長し、兄や将軍・慶喜《よしのぶ》を補佐した。だが、慶喜は慶応三年十月に大政《たいせい》を奉還《ほうかん》。倒幕派は、同年十二月九日に王政復古《おうせいふっこ》の大号令（新政府樹立宣言）を発し、慶喜に「辞*官納地」を命じた。佐幕《さばく》派（親幕府派）を暴発させる企みだった。

十二月下旬に江戸の佐幕派が三田《みた》の薩摩《さつま》藩邸を焼き打ちにした。報が大坂城に届くと、城内の兵士は口々に「討薩《とうさつ》」を叫び、慶喜もその行動を抑えられなくなり、上洛して薩摩勢力を除くことを決めた。

これを受けて定敬は慶応四年（一八六八）正月元日、主だった家臣を集め、「慶喜公が上洛することになった。我が藩は、会津藩とともに先駆けを命じられた。明日、大坂を出立して鳥羽《とば》街道を進むが、途中、戦闘になることは避けがたいので、準備は周到にするように」と指示した。翌日、桑名軍は守口《もりぐち》で宿泊し、翌三日に枚方《ひらかた》から船に乗った。先着の旧幕府軍は、すでに下鳥羽で薩長軍と戦端を開いており、桑名軍も戦いに参加したものの、薩長に敗北を喫して後退することになった。

そうしたなか、苦戦している桑名兵に衝撃的な知らせが入る。「慶喜公が定敬を伴って海路江戸へ逃れた」という報だった。自分たちを見捨てて東国へ逃走した定敬の行為に、桑名藩士たちは内心大いに憤慨したことだろう。

＊官職官位を辞して領地を返すこと

藩主不在の桑名の決断

藩主不在のなか、国元の桑名で会議が開かれた。「定敬のいる関東へ向かい藩主と行動をともにすべきだ」という東下論。「新政府に下るべきだ」とする恭順《きょうじゅん》論に分かれて激しい議論となった。結局結論は出ず、なんと、くじを引いて決めることになったのである。

かくして一月十日、家老《かろう》の酒井《さかい》孫八郎《まごはちろう》がくじを引いた結果、「東下する」ことになった。ところが、下級藩士の矢田半左衛門、松岡領右衛門らが仲間を本統寺《ほんとうじ》に集め、「我々が関東へ行ったとしても、定敬公は新政府に恭順するかもしれぬ。それに定敬公は養子。国元には先代の遺児・万之助《まんのすけ》様がおられるので、この方を擁立して新政府に恭順すべきだ」と主張、下級藩士たちの意見を統一させたうえで、上層部に強く恭順を説いたので、最終的に国元はこの意見に従うことになった。

こうして桑名藩では新政府に謝罪・歎願状を提出したうえで、万之助（十二歳）と全家老が鳥羽・伏見《ふしみ》で戦った兵を伴い四日市《よっかいち》に駐屯している新政府軍に出頭した。新政府は、桑名城の引き渡しと藩士の謹慎を求めた。万之助らは四日市の法泉寺《ほうせんじ》に留め置かれることになった。二十八日、新政府軍が桑名に入り、城の受け渡しが無事終了した。桑名藩士は寺院に幽閉されたものの大小を取り上げられることはなく、四月二日に帰宅を許され、やがて万之助も自由の身となった。

こうしてすんなりと降伏した桑名藩であったが、定敬は正反対の行動をとった。

自藩に戻らず箱館に渡る

新政府に恭順した慶喜が故郷の水戸へ向かうと、定敬は桑名へは戻らずに、藩の飛び地である越後《えちご》柏崎《かしわざき》へ向かう。この地域は、幕府からの預かり地*を加えると十万石に達する。人心も佐幕的であり、兄の領する会津藩との連携も可能だった。定敬は横浜から、外国の汽船に乗って箱館《はこだて》経由で明治元年（一八六八）三月三十日に柏崎へ上陸した。家老の吉村権左衛門《よしむらごんざえもん》、山脇十左衛門《やまわきじゅうざえもん》ら百名ほどが定敬に従った。

ただ、柏崎の藩士たちが主戦論で統一されていたわけではなかった。また、桑名からは帰国して恭順を求める定敬への使者がたびたび遣わされた。定敬はそれでも意志を曲げず、恭順論を主張する家老の吉村権左衛門を暗殺し、来襲するようになった新政府軍と戦い始めた。しかし戦況が悪化してきたことから、兄と合流するため会津へ向かった。だが、新政府の大軍が意表をついて会津へ流れ込み、会津藩士は鶴ケ城《つるがじょう》(会津若松城)への籠城を決めた。定敬も籠城を願ったが、容保はそれを許さず、米沢《よねざわ》へ向かうよう指示した。だが、米沢藩はすでに降伏を決定しており、入国を拒絶された定敬は仕方なく仙台へ向かうが、同藩も降伏を決めてしまう。そこで定敬は榎本武《えのもとたけ》揚《あき》率いる旧幕府艦隊に身を投じて蝦夷地《えぞち》へ入ったのである。

榎本武揚（国立国会図書館蔵）
幕臣として最後まで戦ったのち、新政府に出仕。外務大臣などを務めた

　桑名藩では新政府の許しを得て家老の酒井孫八郎と横目《よこめ》の生駒伝《いこまでん》之丞《のじょう》が外国船で箱館に上陸、定敬と会見して新政府への恭順を説いた。

　この時期、定敬は名を一色三千《いしきみち》太郎《たろう》と変えて箱館弁天町の山田屋

（豪商）に滞留していたが、すでに新政府が本土を統一し、戦っても勝ち目のないことはわかっていた。ゆえに定敬もこの場から離脱することを考えていた。しかし、桑名へ帰るつもりはなかった。どうしても薩長には下りたくなかったのだ。なんと定敬は海外への亡命を考えており、部下の松岡孫三郎を江戸や桑名へ送り、金策にあたらせていた。

三月初旬、松岡は数百両をたずさえて定敬のもとへ戻ってきた。けれども士気の低下を危惧する蝦夷政府の総裁・榎本武揚は、定敬の戦線離脱に強い難色を示した。

＊大名などに支配を委任した徳川幕府直轄地

箱館脱出と降伏

ただ定敬の気持ちはゆるがず、金策と脱出する船の手配を急いだ。幕府の老中だった小笠原長行《おがさわらながみち》や板倉勝静《いたくらかつきよ》なども箱館脱出を希望しており、連携し合うようになったが、計画ははかどらず四月になってしまった。すでに新政府の大軍が近づきつつあった。このままでは、絶望的な戦いを行うしかない。

そう考えていた矢先、定敬を見かねたのか、榎本武揚が「室蘭《むろらん》に行けば長鯨丸《ちょうげいまる》で脱出できる」と勧めてくれたのだ。喜んだ定敬らは室蘭へ向かおうとするが、プロイセンの武器商人スネルの番頭・ハリーが訪れ、「上海行きの船が用意できた」と言うではないか。そのため室蘭行きを急きょ中止して、七重浜へ向かったが、結局、船に乗せてもらえなかった。すでに長鯨丸の出航にも間に合わない。だが定敬の部下がフランス人のハーフルにかけ合い運良く、アメリカの帆船に乗ることができたのである。

四月十三日に出港した船は二十六日に横浜に到着したが、定敬一行は下船しなかった。どうやら、上海へ渡ったようだ。ところが、金欠になったのか、それとも観念して新政府に出頭する気持ちを固めたのか、五月十八日、アメリカ船コステリカ号に乗って横浜に戻ってきたのである。

その後、定敬は、横浜の野毛《のげ》にある林光寺《りんこうじ》に入った。帰国の旨を新政府に届けたのだろう、二十日には尾張藩兵に警護され、市谷《いちがや》にある尾張藩邸に入った。

八月十五日、定敬は津藩（藤堂《とうどう》家）に永預《ながあずけ》となり、桑名藩松平家の家督は半減した旧領六万石とともに万之助が継承することになった。ただ、会津が二十万石からわずか三万石に激減したのとは大きな差である。やはり、いち早く国元の桑名藩士たちが新政府に恭順したことが功を奏したのであろう。

つぐないに生きる後半生

死一等が減じられたといっても、誰かが代わって朝廷に刃向かった定敬の責任を負う必要があった。その役割を果たしたのが、藩の公用人で主戦派の森弥一左衛門《もりやいちざえもん》だった。弥一左衛門は、途中で藩主と袂《たもと》を分かって新選組に属し、箱館で最後まで抵抗し続けた人物。ゆえに身代わりとなり、全責任を負って死罪となったのだ。

「うれしさよ　つくすこころのあらはれて　君にかはれる死出の旅立」
「なかなかに　惜しき命にありなから　君のためにはなにいとふべき」

これは、弥一左衛門の辞世である。

明治二年（一八六九）十一月十三日、弥一左衛門は切腹となった。四十四歳であった。遺体は藩主の菩提寺・深川の霊巌寺に葬られたが、明治十五年（一八八二）、定敬は養子・定教《さだのり》（万之助）とともに、その墓前に弥一左衛門の墓碑を建てた。憲法発布の恩赦で弥一左衛門の罪が許されると、定敬は桑名城の跡地に彼の碑を建立した。なお、定敬の遺言だったのだろうか、弥一左衛門の墓は、昭和に入ると、定敬の墓石のすぐ側に移され、その遺骨は定敬の墓穴に埋納された。定敬の弥一左衛門に対する思いがわかる。

明治二年八月より神田橋の津藩屋敷で謹慎していた定敬は、明治四年三月、旧領桑名での謹慎が許された。七年ぶりの国元であった。ここでふたたび逼塞《ひっそく》の日々を送るが、その間、廃藩置県によって桑名藩は地上から消滅した。それからおよそ半年後の明治五年正月六日、定敬は自由の身となった。

定敬は同年三月、多くの藩士を犠牲にし、その家族を不幸に追いやったことを悔い、東京府に「幼ヨリ門閥ノ弊風ニ染習シ、不学短才ニシテ旧幕要路ノ職任ヲ誤リ、終《つい》ニ中年ノ今日ニ至リ万死ヲ出テ一生ヲ得ル而已《のみ》ナラス、宜《よろし》ク華族ノ位地ニ列」するのはおこがましく、「自今華族ノ位地ヲ固辞シ奉リ、東京庶人ノ籍ニ入」（藤田英昭著「松平定敬の後半生」『京都所司代　松平定敬～幕末の桑名藩～』所収）りたいと「平民入籍願い」をしたためた。

また、自分と行動をともにして戦死した人々の慰霊に力を入れた。越後柏崎の勝願《しょうがん》寺《じ》で戦没者の慰霊祭をおこない、寒河江《さがえ》（山形県）で歿した藩士の墓を陽春院《ようしゅんいん》に建て、さらに明治二十年（一八八七）、桑名城の跡地に戊辰戦争で死んだ藩士の招魂碑を建立した。自分の決心のために死へ導いてしまった部下を、定敬は死ぬまで忘れることはなかった。いや、それができるほど、冷酷にはなれなかった。

おしゃれでハイカラな旧大名

定敬は西洋へのあこがれが強かった。先の「平民入籍願い」には、華族の身分を捨て「東京庶人ノ籍ニ入リ自主自由ノ権ヲ以テ万民同一ニ交接シ、相共ニ生活ノ道ヲ計リ、且開見ヲ拡メ、諸事実地ニ研究仕度《つかまつりたく》」(『前掲書』)とあり、西洋の思想を理解している気配がうかがえる。明治五年(一八七二)十二月には定教の名で、定敬の洋行願いが東京府知事の大久保《おおくぼ》一翁《いちおう》宛に提出された。外務省はこれを許可したが、定敬は病にかかったようで、翌年四月に洋行の取り消しを願っている。

ただ、その後、洋行したという話もある。ちなみに明治八年に定敬は、商法講習所(のちの一橋大学)の教師として招かれたウィリアム・ホイットニーの屋敷に招待される。このとき十四歳だったウィリアムの娘・クララ(のちに勝海舟の息子・梅太郎《うめたろう》と結婚)が定敬の様子を日記に残している。顔にはあばたがあり、あまりハンサムとはいえなかったが、おしゃれな洋装をしており、その薬指には金の指輪二つに、オパールにダイアモンドをちりばめたものをはめていたという。二年後に再会したさいには、ホイットニー家のオルガンを使ってその腕を披露した。そのうち一曲は、なんと讃美歌の「主われを愛す」であった。定敬は、なかなかハイカラな旧大名であったようだ。そうしたことを思うと、短期間であったが、洋行していた可能性も否定できない。

明治十年、西郷隆盛《さいごうたかもり》が新政府に反旗を翻した。定敬は旧臣の立見尚文《たつみなおふみ》と桑名に帰り、政府軍に投じるよう旧藩士を説いた。きっと、「戊辰戦争での復讐のときが到来した」と熱く語ったのだろう。結果、応募者が殺到して四百人にのぼった。すると定敬は、その留守家族に数千円を支給。さらに、みずから出征して戦ったのである。その戦功により、定敬は正五位《しょうごい》に叙《じょ》された。桑名藩の名誉が回復できた、そう満足したのではないか。

明治二十七年（一八九四）、定敬は兄・容保の跡を継いで日光東照宮《にっこうとうしょうぐう》の宮司に就任した。徳川の社稷《しゃしょく》を守るというのは、佐幕を貫いた彼に非常にふさわしい仕事であろう。

それからおよそ十四年を生き、明治四十一年（一九〇八）七月二十一日、六十二歳の生涯を閉じた。死の前日、特旨《とくし》をもって従二位に叙された。

林忠崇

藩主みずからが率先して薩長と戦う

嘉永元年（一八四八）～昭和十六年（一九四一）

はやし ただたか

上総国請西藩主・林忠旭の五男として生まれる。父・忠旭が嘉永7年（1854）に隠居し、その跡を叔父・忠交が継ぐ。しかし、慶応3年（1867）に死去したため三代藩主となる。慶応4年、藩主みずから脱藩届けを出したうえで家臣を率いて遊撃隊に参加し、各地で新政府軍と戦う。

戊辰戦争で敗れたのちは、役人や農民などさまざまな職業につくがいずれも長続きしなかった。のち、家臣の働きで華族に列せられる。

請西藩《じょうざいはん》

林家は古くから徳川家に仕える家柄、林家との出会いの故事から徳川家では正月に兎の吸い物が食べられていたという。嘉永3年（1850）、請西に陣屋を移し、請西藩となる。明治元年（1868）、廃藩。

林忠崇（木更津市郷土博物館金のすず蔵）

大名から一農民へ

上総国《かずさのくに》（千葉県）請西《じょうざい》藩主・林忠崇《はやしただたか》は、明治四年（一八七一）の廃藩置県後、旧領に戻った。明治五年後半から明治六年にかけてのことだと思われる。かつて住んでいた立派な陣屋に戻ったわけではない。陣屋は、すでに焼失してしまっていた。

忠崇がこの地に移り住んだのは、信じがたいことに、生活に困り果てた結果だった。彼は石渡金四郎という者の離れに住まわせてもらい、一農民として土地を耕し始めたのである。このときのことを忠崇は『一夢林翁手稿戊辰出陣記』に「旧領地上総国請西村ニ帰農セリ」と淡々と簡潔に記しているが、いったいなにゆえ、大名であった彼が、ここまで落魄《らくはく》しなくてはならなかったのだろうか。

林家は、古くからの譜代《ふだい》の家柄である。光政《みつまさ》が林家の当主であった永享《えいきょう》十一年（一四三九）、光政の住する信濃国《しなののくに》林郷（松本市）に世良田有親《せらだありちか》、親氏《ちかうじ》と名乗る父子がやってきた。彼らは将軍の足利義教《あしかがよしのり》に迫害され、諸国を流浪していた。このとき光政は、貧しいながらも兎《うさぎ》の吸い物を出して父子を歓待した。以後、彼らに運が向いた。

そこで親氏が三河国《みかわのくに》の有力な土豪になり上がると、世話になった光政を家臣として招いた。この親氏から数えて九代目が、徳川家康《とくがわいえやす》なのである。

そして林家の当主が忠英《ただふさ》のとき、十一代将軍・家斉《いえなり》に寵愛《ちょうあい》され、にわかに一万石の大名に取り立てられたのである。

慶応《けいおう》三年（一八六七）五月、当主の忠交《ただかた》が三十五歳で死去すると、甥の昌之助が請西藩の三代藩主に就任した。まだ二十歳の若さであった。この昌之助こそが、冒頭で紹介した林忠崇である。

「隻腕の剣士」伊庭八郎と遊撃隊

忠崇が藩主になってからわずか四ヵ月後、大政奉還《たいせいほうかん》がおこなわれ、江戸幕府が地上から消滅した。それから二ヵ月後、王政復古《おうせいふっこ》の大号令が発せられ、新政府が発足する。翌年正月、鳥羽《とば》と伏見《ふしみ》で始まった新政府軍と旧幕府軍の合戦は、旧幕府軍の完敗に終わり、前将軍・慶喜は部下を捨てて江戸へ逃げ戻った。新政府は、慶喜を朝敵として大軍を東へ差し向けたのだった。

そんな大激変の時期に、忠崇は藩主を務めていたわけだ。

林家が譜代の家柄であったこともあり、忠崇は一貫して過激な佐幕派であった。

慶応四年（一八六八）三月中旬、慶喜から全権を与えられた勝海舟《かつかいしゅう》は、新政府軍の西郷隆盛《さいごうたかもり》と会見し、江戸城を無血開城することで江戸の総攻撃を中止させた。

かくして同年四月十一日、江戸城は新政府に引き渡された。けれど旧幕臣のなかには、戦わずして降伏することを潔しとせず、徒党を組んで江戸近郊で抵抗を試みる者たちがいた。福田八郎右衛門《ふくだはちろうえもん》もその一人だった。彼は撤兵隊《さっぺいたい》を率いて江戸から脱し、四月十三日に上総国木更津《きさらづ》にやってきて忠崇に助力を求めた。忠崇はこれに同意した。が、領内にたむろう撤兵隊士には素行の悪い連中が多く、乱暴を働く者も多かったため、いたく忠崇を失望させることになった。そんなところに、伊庭八郎《いばはちろう》と人見勝太《ひとみかつた》郎《ろう》率いる遊撃隊三十数名が現れた。彼らは撤兵隊とは異なり、軍令が徹底し統制がとれていた。

伊庭八郎は、有名な剣術流派・心形刀流《しんぎょうとうりゅう》の宗家の出で、「伊庭の麒麟児《きりんじ》」と謳《うた》われ、その剣技は諸道場に知れ渡っていた。元治《げんじ》元年（一八六四）、幕府に正式に召し出され、御書院番松平駿河守《ごしょいんばんまつだいらするがのかみ》組に入り、三百俵十人扶持を与えられた。慶応元年（一八六五）におこなわれた上覧試合では将軍・家茂《いえもち》から刀の下げ緒を授与されるという名誉を得ている。慶応二年十月、奥詰銃隊は遊撃隊《ゆうげきたい》という組織に改編される。このおり養父の秀俊は頭取（幹部）に就任、八郎もその構成員の一人となった。

翌年十月、大政奉還がおこなわれると、遊撃隊（三百十二名）は上洛を命じられ、八郎も養父とともに頭並（隊長格）の今堀越前守《いまぼりえちぜんのかみ》に従って京都へ入った。遊撃隊は前将軍・慶喜を警護して京都から大坂城へ向かったあと、新選組や会津藩兵のいる伏見奉行所を拠点とした。慶応四年正月、ついに旧幕府軍と新政府軍が戦闘状態（鳥羽・伏見の戦い）に入った。伏見においても御香宮神社《ごこうのみやじんじゃ》に着陣した薩摩軍が伏見奉行所へ激しく砲弾を打ち込み、激戦が展開された。このとき八郎は重傷を負い、遊撃隊も江戸へ逃れた。同隊はその後、上野寛永寺《かんえいじ》で謹慎蟄居《ちっきょ》している前将軍・慶喜の護衛にあたったが、やがて慶喜は水戸へ去り、江戸城は無血開城された。このとき八郎は、恭《きょう》順《じゅん》を潔しとせず、同僚の人見勝太郎とともに遊撃隊の一部を連れて脱走、木更津へ渡って請西藩主・林忠崇の協力を求めたのである。

人見勝太郎（函館市中央図書館蔵）
幕臣として最後まで戦う。明治になってからは名前を変えて新政府に出仕し、実業家としても活躍している

新政府軍に挑んだ脱藩大名

忠崇は即座に協力することを決め、藩主みずから七十名ほどの家来を引き連れ、遊撃隊と行動をともにすることにした。なお、驚くべきことに忠崇は、領地をあとにするとき、脱藩届けを出したのであ

る。後年、その理由を郷土史家の林勲に次のように語った。

「請西を出る時は、藩主たる私自身脱藩届けを出したんですわ。これは領民に迷惑をかけまいとの気持だったわけだが、考えてみると『藩公自身の脱藩という例はまずありますまいなあ』と笑われました」（林勲編『上総国請西藩主一文字大名林侯家関係資料集』1988）

閏《うるう》四月初旬、忠崇は伊庭、人見らとともに百名の軍勢を率いて房総半島から真鶴《まなづる》へ渡海し、小田原《おだわら》藩などの力を借りて新政府軍に抵抗しようとした。忠崇はみずから小田原に出向いて協力を求めたが、小田原藩は金銭や食糧は提供したが、兵は出さなかった。

遊撃隊は御殿場《ごてんば》に着陣したが、続々と旧幕臣が集まり、三百人を超える大勢力に膨れあがった。忠崇は、請西藩士で構成する遊撃隊の第四軍を率いることになった。

なお、江戸の上野には、主に旧幕臣らで構成された彰義隊《しょうぎたい》が陣取って新政府軍を脅《おびや》かしていたが、ついに新政府軍は、上野の山に総攻撃をかけた。

上野戦争の勃発を知った遊撃隊の第一軍の隊長・人見勝太郎と第三軍の隊長・和多《わた》田貢《だみつぐ》は、勝手に箱根《はこね》で小田原藩軍と戦闘を始めてしまった。このとき伊庭八郎の第二軍も忠崇の第四軍も参戦、五月二十六日には箱根山崎で遊撃隊は死闘を演じた。

ちなみに伊庭は、味方と間違え小田原藩軍に接近し、敵の銃弾が腰部を貫通、尻餅をついたところを敵兵に斬りつけられ、左手首が皮一枚残して切断される重傷を負ってしまう。

一方彰義隊は一日で瓦解し、遊撃隊も十倍の人数で襲い来る小田原藩軍にかなわず、熱海《あたみ》に撤退し、館山《たてやま》へ逃げ戻った。

だが、それでも忠崇は、戦いをやめなかった。人見とともに遊撃隊を率いて奥州《おうしゅう》小名浜《おなはま》に上陸し、旧老中の安藤信正の求めに応じて東北各地で転戦したあと会津へ赴《おもむ》き、次いで仙台へと達した。しかし東北諸藩は、次々と新政府軍に敗れていった。九月二十一日、旧幕府軍はそれでも蝦夷地《えぞち》へ赴いて抵抗を続けようとした。けれども忠崇は、そもそも自分は徳川家の存続のために立ち上がったのであり、すでに徳川家は七十万石の大名として存続が決定している。ゆえに目的は果たしたとして、ここで戦いをやめた。

無念の降伏

こうして忠崇は、十九名の元請西藩士とともに新政府軍に降伏する。このおり、刀を取り上げられることになったが、「予初メ一統、縲絏《るいせつ》ノ辱《はずかしめ》ハ素《もと》ヨリ覚悟ノ事トイへトモ、弥、刀ヲ脱スルニ臨ンテ、其心中イハンカタナシ」（『一夢林翁手稿戊辰出陣記』）と、武士として刀を奪われることの無念さをにじませている。その後、津藩士の警護を受け、駕籠《かご》に乗せられて江戸へ護送されたが、このことについても「其体ハ兼テ覚悟ノ事ナレトモ、恥ヲ忍フノ苦シサハ筆端ニ尽《つく》シカタシ」と、その気持ちを書き留めている。

忠崇は死一等を減じられ、親類大名である唐津《からつ》藩の小笠原《おがさわら》家にお預けと決まった。だが、苦楽をともにした藩士たちとは離れればなれにされることがわかった。彼らは名古屋藩にお預けと決まったのである。この決定は、身を切られるより辛い。ゆえに忠崇は、「如何モシテ一両輩随従セン事ヲ欲シ、千住ニ於テ伊藩監察門田九郎へ周旋ヲ乞ヒシカトモ、遂ニ叶ハサル由、君臣ノ生別離、再会ノ期ナケレハ、互ニ衣《ころも》ヲ沾《うるお》シケリ」（前掲書）と、その必死の願いにもかかわらず、希望は容《い》れられず、二度と会えないかもしれぬ家臣たちに涙の別れを告げたのである。

なお、林家は忠崇の弟・忠弘《ただひろ》が相続することになったが、その石高は、わずか三百石であった。「朝敵」に対する新政府のむごい処置といえる。

忠崇は明治四年（一八七一）三月まで小笠原家に幽閉され、その後は忠弘のもとに預けられた。ようやく自由の身となったのは、明治五年正月のことであった。こうして宥免《ゆうめん》された忠崇は、冒頭で述べたように、糊口《ここう》をしのぐため旧領で帰農したのである。大名が一農民になるなど、まさに前代未聞のことだろう。

裸一貫で職を転々

忠崇の農民生活は、短期間に終わった。明治六年（一八七三）十二月に東京府の役人に登用されたからである。東京府の府知事は大久保一翁《おおくぼいちおう》であった。一翁は、若年寄を務めた旧幕府の高官。おそらく、佐幕派だった忠崇の窮状を見かねて府の役人に採用してやったのだろう。だが、十等属という下級役人の待遇であった。何とも哀れな気もするが、そんな役人生活も明治八年に終わりを告げてしまう。府の権知事《ごんちじ》・楠本《くすもと》正隆《まさたか》と意見が衝突したためだという。楠本の出身・肥前国《ひぜんのくに》（佐賀県・長崎県）大村《おおむら》藩は、戊辰戦争で忠崇の遊撃隊と戦っており、忠崇は楠本とうまくいかなかったのではないだろうか。

その後の忠崇の行動は、まさに意表をつくものであった。なんと、商人になることを志し、函館《はこだて》へ渡り豪商・仲栄助《なかえいすけ》に番頭として仕えたのである。だが不運なことに、栄助の商店はそれから数年で破産してしまう。

すると忠崇は、神奈川県座間《ざま》市の水上山龍源院《すいじょうさんりゅうげんいん》という寺に住み込むようになる。

この寺と忠崇がどのような関係があったかわからないが、稲葉博小田原市文化財保護委員（当時）の調査によれば、昭和十三年（一九三八）、まだ存命だった忠崇本人に龍源院の住職がその真偽を問い合わせたところ、「間違いない」と述べたそうだ。また稲葉氏は「当時の忠崇は植木屋の親方とか、寺男とかの名目で住込んでいながら、別に仕事をするでもなく近所の人々とも殆《ほと》んど接触せず、身分姓名は一切極秘で彼を招いた山口曹参住職夫人さへ知らなかったという。ただ絵をたしなんで時折近隣の人々に描き与えていた様だが、現在は寺の遺品を除いて全く残っていない」（「かながわの社寺縁起夜話　座間　竜源院物語　最後の大名林忠崇」『かながわ風土記』第97号所収）と述べている。奇想天外な後半生だが、忠崇の人生はまだ終わらない。

家臣の尽力でお家再興

明治十三年（一八八〇）、今度は大阪府の西区書記として奉職することになった。ただ、薄給のうえ仕事が忙しかったようで、かつての家臣の家柄であった広部精《ひろべせい》に、良い就職口の世話を依頼する手紙を書いている。こうした窮状を見かねた広部は、精力的に林家の家格再興運動を展開するようになった。華族になることができれば、忠崇やその弟・忠弘の貧窮を救うことができる。広部は林家の親戚である小笠原諸家の協力を得つつ運動を進め、紆余曲折のすえ、明治二十六年（一八九三）、ようやく林家は華族に列せられ、忠崇も翌年、従五位《じゅごい》に叙された。このとき忠崇は四十七歳であった。

同年忠崇は、宮内庁の東宮職庶務課の職員となった。だが、三年後に病気のために退職を余儀なくされ、旧領地の請西村で療養生活を送った。明治三十二年、健康を回復した忠崇は、今度は日光東照宮の神職に任じられた。徳川家のために命を捨てようとした男ゆえ、その待遇は満足いくものだったはず。

けれど、この仕事も三年で辞めてしまう。「家事ノ為帰郷ス」（『一夢林翁手稿戊辰出陣記』）とあるが、作家の中村彰彦氏は「この「家事」とは、妻チヱが病いがちになったことを示すのかも知れない。チヱはそれから二年半後の明治三十七年三月二十二日、本郷区湯島五丁目の順天堂病院において死亡した」（『脱藩大名の戊辰戦争』）と、妻の病状と関係があると推察している。

「チヱは埼玉県南埼玉郡登戸村《のぼりと》（越谷市《こしがや》）の平民小島弥作の次女として、安政元年（一八五四）二月二十九日に生まれた」（『前掲書』）。知り合ったきっかけは家臣の檜山省吾の紹介らしいが、明治十九年頃から生活をともにするようになり、二人の間にはミツという女児が生まれている。

「最後の大名」の逝去

『一夢林翁手稿戊辰出陣記』によれば、「大正四年三月養老ノ為メ、岡山県ナル末女ノ嫁家妹尾《せのお》氏方へ寄寓セリ」とある。娘のミツは、妹尾銀行を経営する妹尾順平と結婚した。その婚家に忠崇も同居することになったのだ。だが、六十八歳の忠崇はカクシャクとしており、近所の人々に鎖鎌《くさりがま》を教えていたという。なお、妹尾順平は立憲政友会から出馬して代議士になったが妹尾銀行は第一合同銀行に吸収されてしまい、昭和五年（一九三〇）になると、順平とミツは離婚した。すでに忠崇は八十二歳になっていたが、ふたたびミツと二人暮らしとなった。ミツはしばらく順平から引き継いだミカド商会を経営していたが、やがて会社をたたんでアパート経営を始めた。

晩年の忠崇は、大好きな絵と和歌に没頭して悠々自適の生活を送っていたという。ときおり華族会館に赴いて剣の鍛錬も怠らなかった。

忠崇は武士の嗜《たしな》みとして、夜寝るときは決して仰臥《ぎょうが》せず、心臓を突かれぬよう左を下にして横臥《おうが》していた。また寝床には常に十手を忍ばせていたとされる。おそらく箱根での戦争や東北戦争での癖が生涯にわたって抜けなかったのだろう。

昭和十六年（一九四一）一月、忠崇は風邪を引いて寝込んだかと思うと、数日後そのまま眠るように逝《い》ってしまった。享年九十四だった。

この林忠崇こそが、最後の大名であった。なきがらは芝愛宕下《しばあたごした》の萬年山青松寺《ばんねんざんせいしょうじ》に葬られた。

戊辰戦争から七十年以上の月日が経っていた。

徳川茂承

敗走した旧幕府軍兵をかくまう

天保十五年（一八四四）〜明治三十九年（一九〇六）

とくがわ もちつぐ

天保15年(1844)、伊予国西条藩主・松平頼学の六男（七男とも）として生まれる。安政5年（1858)、紀伊国紀州藩主から十四代将軍となった徳川家茂に代わって紀州藩主となる。戊辰戦争のときには、鳥羽・伏見の戦いで敗れて逃げ込んだ旧幕府軍の兵士たちを数多くかくまう。これを新政府にとがめられるが、紀州出身の陸奥宗光に取りなしてもらう。軍制改革に力を入れ、日本国内だけでなく、外国からも注目された。

紀州《きしゅう》藩

尾張、水戸とともに御三家の一つに数えられる。徳川家康の十男徳川頼宣が元和5年（1619）に入って以来、徳川家が紀伊を治める。八代将軍・徳川吉宗と十四代将軍・徳川家茂の二人の将軍を輩出している。

徳川茂承（和歌山市立博物館蔵）

茂承の藩政改革

紀伊国《きいのくに》（和歌山県）紀州《きしゅう》藩最後の藩主（十四代）である徳川茂承《とくがわもちつぐ》がその地位についたのは、まだ十代の半ば。そんな若き藩主を教育したのが津田出《つだいずる》であった。津田は三百石の紀州藩士で、病弱だが頭脳明晰だった。安政《あんせい》元年（一八五四）に蘭学修業のために江戸に行き、紀州藩の江戸藩邸に文武場が新設されると蘭学教授を拝命。さらに奥《おく》右筆組頭《ゆうひつくみがしら》（藩主の側近）に抜擢され、茂承の教育係となった。

幕府は慶応《けいおう》二年（一八六六）に第二次長州《ちょうしゅう》征討を決定するが、このとき征長「御《お》先手総督《さきてそうとく》」に任じられたのが、茂承であった。けれどもこの時期、紀州藩の財政は破綻の危機に瀕《ひん》していた。そこで茂承は、この大任を無事果たすため、同年五月、隠棲していた師の津田出にその方策を下問する。それに応えて津田が提出したのが、『御改政御趣法概略表』であった。これには、以下のような斬新な施策が含まれていた。

「収支のバランスをとることを原則に電力・水力・風力で動く機械をつくり、これを農業や織物業に用いて生産力のアップをはかる。西洋に留学生を派遣し、帰国した彼らを教師として洋式学校を設立する。槍刀中心の紀州軍を火器中心に改編し、砲兵三千を常備する。軍事力強化のため藩士を各農村に土着させ、農民を兵として徴発、農兵軍を組織する。改革の前提として藩士の俸禄《ほうろく》（給与）を思い切って削減する」

茂承は津田の考えに賛意を示し、津田を御用御取次《ごようおとりつぎ》という、家老に匹敵する新職にすえ、「家老の久野丹波守《くのたんばのかみ》らと協力して改革を進めよ」と命じた。

そのうえで茂承は、紀州軍を引き連れ長州へ向かった。紀州軍六千は芸州口《げいしゅうぐち》と石州口《せきしゅうぐち》に分かれて進撃。茂承が率いた芸州口の軍勢は、長州軍に押され幕府軍とともに応戦につとめるのが精一杯。石州口の紀州軍は柔弱で戦おうとせず、あちこち逃げ回って諸藩の邪魔になるほどであった。大坂城にいた将軍・家茂が死去したため、征討軍は「将軍の喪《も》に服す」として勝手に撤兵したが、その敗北は明らかだった。このため倒幕派が台頭、翌年十月、大政奉還《たいせいほうかん》がおこなわれ江戸幕府は地上から消滅してしまった。

徳川慶喜を追撃せよ

それから一ヵ月後のこと、厳しすぎる藩政改革に保守派が総反発するようになった。すると茂承は、師の津田を罷免《ひめん》して永蟄居《えいちっきょ》に処したのである。

しかしそのわずか一ヵ月後、王政復古《おうせいふっこ》の大号令が発せられ、新政府が樹立された。さらに一ヵ月後の慶応《けいおう》四年正月早々、鳥羽《とば》・伏見《ふしみ》の戦いが始まる。このとき紀州藩にも徳川宗家からの出陣要請がきたので、茂承が出兵準備をととのえていたところ、翌日には決着がつき、数日後、前将軍・慶喜《よしのぶ》は配下を置き去りにして大坂城から江戸へ遁走《とんそう》してしまう。その直前、慶喜の使者が紀州藩にやってきて「大坂を警備せよ」と命じた。しかし、紀州領の高野山には新政府軍が陣取っており、茂承は出兵を渋るが、使者が「宗家を救ってもらいたい」と哀願するので、仕方なく正月六日に出兵を決定。ところが翌朝、慶喜遁走の報がもたらされたので、計画は沙汰止《さたや》みになった。

八日、慶喜の遁走で戦意を失った旧幕臣や会津《あいづ》藩兵などが続々と領内に遁《のが》れてきた。紀州藩は、朝廷に従う態度を装いながらも、彼らに恩情をかけ、食糧を与え、船に乗せて江戸へ護送した。会津藩兵だけでもその数は千八百五十八人に及んだという。

新政府の岩倉具視《いわくらともみ》や松平春嶽《まつだいらしゅんがく》などが二月から三月にかけて内々に旧幕府方の兵が潜伏していないか、徳川の船が紀州領内に入港していないかと問い合わせてきた。うすうす紀州藩の行動に感づいていたのだろう。このとき喘息《ぜんそく》に苦しんでいた茂承だったが、新政府の紀州藩に対する不信をぬぐい去るため、病をおして上洛している。

命令に従わぬ藩士たち

だが江戸にいた紀州藩士たちが「紀州は徳川宗家と一体であり、長年の恩顧《おんこ》に報《むく》いるため覚悟を決めるべきだ」と声高に叫び、慶喜に対する寛大な処置を朝廷に求めた。

こうした動きを知った茂承は、「すぐに江戸の紀州藩士は国元へ引き上げるように」との命令を出したが、なんと江戸の藩士たちはこれを拒んだのだ。

このため、新政府のひんしゅくを買い、五月に新政府は茂承に「和歌山城に賊徒（旧幕府兵）を入れ、藩内にもこれに味方し陰謀を企てる者がいると聞く。このたび、監察司を派遣するので潜伏者を残らず捕縛して差し出すように」という通達を出した。

これより前の四月十三日、京都にいる藩主は、国元へ帰ってよいことになったが、茂承はそのまま京都に留め置かれた。つまり、人質になったわけだ。同年八月、戊辰《ぼしん》戦争に参加している藩兵の人数が少ないとの理由から、紀州藩は十五万両という莫大な献金を命じられた。そこで紀州藩は九月に二万両、十月に一万両を何とか工面して新政府へ上納したが、それ以上の捻出《ねんしゅつ》は不可能だった。このため十一月、金の代わりに千五百人の兵士を新政府に差し出したのである。

陸奥宗光の心を動かした茂承の誠意

まるで敵のような扱いを受けた茂承は先行きに不安を覚え、ついに陸奥《むつ》宗光《むねみつ》に助力を求めた。陸奥は坂本《さかもと》龍馬《りょうま》と行動をともにし、このときは明治政府の高官になっていた。彼の出身は紀州。しかし陸奥は「私は貴藩に一片の恩義も感じていない」と冷たく申し出を拒絶した。陸奥は、紀州藩を恨んでいた。実父の伊達藤二郎宗広《だてとうじろうむねひろ》は、財政立て直しの功労者だった。なのに元藩主の治宝《はるとみ》が亡くなると、官職を剝奪《はくだつ》されたうえ幽閉され、伊達家は離散の憂《う》き目にあったからだ。

だが、茂承は拒否されても何度も助力を求めたので、陸奥の心もやわらぎ、新政府にかけ合って上納金を免除させ、紀州藩の再建に協力することになった。ただ陸奥は、紀州藩を救う条件として、津田を再登用しての藩政改革の断行を求めた。そこで明治元年（一八六八）十一月、茂承は津田のもとに使者を差し向け、その出馬を願った。が、津田は病気を理由に主命を拒んだ。かつて裏切られたわけだから、当然の反応であろう。しかし茂承はあきらめずに再度、小姓頭《こしょうがしら》の井田民男《いだたみお》を使者として差し向けた。井田は座敷に端座して津田の帰りを待っていた。この若者からは殺気が立ちのぼっていた。井田は津田に「貴殿が主君のおられる京都にご同道くださらぬとあらば、この場で割腹して身の不行き届きを主君に謝す覚悟でござる」と述べた。そこに津田は藩の行く末を憂うる至誠を見、ついに心が動いたという。

こうして津田は茂承と面会した。茂承は「先年、家来の言葉を信じてあなたを斥《しりぞ》けたのは私の過ちだった。いま紀州藩は危機に陥《おちい》り、これを救えるものはあなたしかいない」と率直に過去を謝し、「自分はあなたを養子にして藩を譲った気持ちでいる。

どうか、この重任を引き受けてくれ」と頭をさげたのである。誠実な藩主である。この瞬間、津田は命を捨てようと思い定めたという。

みずからの腹を痛める大改革

翌明治二年(一八六九)正月十九日、茂承は紀州藩士を一堂に集め、藩政改革を断行することを宣言、津田にすべての権限をゆだねたことを明言、津田に逆らう者は自分に逆らう者だと述べ、反発した重臣の田宮儀右衛門《たみやぎえもん》を永蟄居に処した。

陸奥宗光(国立国会図書館蔵)
紀州藩士の子として生まれ、坂本龍馬がつくった海援隊に参加。その後新政府で外務大臣などを務めた

津田は最初に、秘匿《ひとく》されていた財政状況を記した「御勘定納払調別帳」を公開した。これによって家中は藩財政の破綻を知った。そのうえで津田は、「財政を好転できる案があれば自由に申し出よ」と良策を公募した。

二月一日、茂承は藩主の経費をこれまでの二十分の一、たった一万石にすると宣言。これを受けて津田は、家老たちとともに「家禄（収入）をすべて献納する」という請願書を藩主に提出した。そのうえで五百五十石以上の藩士の家禄を一律十分の一とした。驚くべきことに、給与の九十パーセントをカットしたのだ。また、五百五十石未満二十五石以上は一律五十俵というように給与体系のフラット化をしたが、二十四石以下の下士《かし》の俸禄はこれまで同様とした。役職にある者は別に役*高が支給されたが、その額も微々たるものだった。だから役職をもたぬ藩士については「今後、農業や商業をしてもよいし、住居も自由に移転してよい」と布達した。また、譜代《ふだい》や上士《じょうし》であっても無能ならば役人に登用しない能力制度に切り替えた。

＊ある役についたときだけに支払われる禄のこと。

諸藩だけでなく世界の注目を集めた軍制改革

とくに新政府や諸藩を仰天させたのは軍制改革だった。紀州藩の陸軍を常備軍四大隊と交代兵二大隊で構成し、常備大隊には正規の藩士をあて、交代兵には満二十歳以上の庶民（農工商）の独身男子をあてることにし志願兵をつのったのだ。

兵制は、プロシア（ドイツ）式を採用した。プロシアは新興国だったが、日の出の勢いを見せていたことも、決定に大きく関係していた。津田は陸奥宗光を通じてプロシアの陸軍士官カール・カッペンらを軍事顧問に招いた。さらに紀州藩では、プロシアの最新式元込銃を大量に発注した。

明治三年（一八七〇）正月、紀州藩は「兵賦略則」を発布した。その前文には「兵役に可堪者は数年の間　悉《ことごとく》皆兵籍に録し以て不虞に備ふ」とあるように、紀州藩の正規軍は解体され、藩全域に徴兵制度が敷かれることになった。明治政府が徴兵制度を採用するのは三年後のことであり、まさに画期的なことであった。

徴兵制の実施

かくして各郡の民政局（旧代官所）に徴兵使が出張し、管轄下の士農工商の成人（二十歳以上）を集めて徴兵検査を実施、合格者のなかから三年間の兵役に服させることにした。紀州藩の正規軍は三千人であったが、この政策により常備軍は七千、予備・補欠兵を含めるとおよそ一万四千、一気に五倍に増えた。

また、和歌山城南の岡山の地に兵学寮が設置された。これは、いわば士官養成学校であった。これまで刀を握ったこともないような素人を中心に軍隊を構築するわけだから、士官の能力の有無が戦いの行方を左右する。ために有能な士官を養成すべく兵学寮を設けたのである。陸奥の人脈により、長州の鳥尾小弥太《とりおこやた》が兵学寮長に招かれ、

西郷従道（国立国会図書館蔵）
西郷隆盛の弟。陸軍卿などを務めたのち海軍に転じる

数十名の選抜された士官候補生に徹底した教育が施された。

軍隊は、歩兵を中心に砲兵・騎兵・工科隊・輜重《しちょう》隊（輸送部隊）に分けられた。また、レーマン・ハルトマン商会から最新式のドライゼ（ツンナール）銃を大量に購入。兵器・火薬工場を創設して、一日に一万発の弾薬を製造できるようになった。

紀州藩の軍事改革は注目をあび、イギリス公使パークス、アメリカ公使デロングなども視察に訪れた。プロシア式の兵制を採用したことを知ったプロシア代理公使ブラントも軍艦ヘルタ号で和歌山に来航。さらには各藩のスパイも和歌山城下をうろうろするようになった。そのうえ新政府の兵部《ひょうぶ》大丞《だいじょう》（陸軍）のトップであった長州の山田《やまだ》顕義《あきよし》、薩摩《さつま》の西郷従道《さいごうじゅうどう》などまで視察に訪れた。

明治二年（一八六九）から翌年にかけて、新政府はほとんど軍事力をもたなかった。

戊辰戦争で活躍したのは薩長土肥《さっちょうどひ》を主力とする各藩の連合軍。だから戦いが終わったあと、兵は帰藩してしまったのだ。軍事力がないことは新政府の権力を不安定にさせた。このため各藩は軍事力の強化に力を入れ、近い将来起こるであろう兵乱に備えた。そんなところに、紀州藩が強大なプロシア式軍隊の創設に成功したという噂を聞き、視察やスパイが殺到したというわけだ。

旧藩士の処遇に心を砕く

ただ、茂承や津田は紀州軍で新政府を打倒しようとは考えなかった。朝敵のように愚弄《ぐろう》された紀州藩の復権をはかりたいと考えていたのだ。

なお新政府の大久保利通《おおくぼとしみち》と木戸孝允《きどたかよし》は、このままでは新政府が崩壊すると危惧し、明治四年（一八七一）、薩長土三藩から約七千の兵を供出させ、各知藩事《ちはんじ》（旧藩主）を東京に呼び集め、廃藩置県を断行した。これによって紀州藩も地上から消滅。茂承には以後、他の知藩事とともに東京居住が命じられた。

明治十年、西南戦争が勃発する。ただ、西郷側の鹿児島士族は精悍で、農民を主体とする政府の徴兵軍は苦戦していた。このため政府では、士族から志願兵をつのった。このとき陸奥宗光が新政府の打倒をはかり、この募集にかこつけて旧紀州軍を動員し

西郷隆盛（国立国会図書館蔵）
征韓論争に敗れて下野するが、元鹿児島藩士らに担ぎ出され西南戦争を戦う

ようとした。

　この動きに紀州士族が動揺したため、茂承は墓参りと称して和歌山県に戻り、十万円の資本金を提供して士族の貧窮を救うための結社（のちの徳義社）を設立、さらに旧藩士のもとを訪れ、西郷軍に投じぬよう釘をさすとともに、政府の志願兵に応募するよう説得した。結果、続々と旧紀州兵はこれに応募し、全国から集められた士族兵のうち、最高の四分の一を占めた。ただ、この戦争で四百人以上の旧紀州兵が命を落とした。

　茂承が十万円の資本金で設立した徳義社は、三十九町歩の土地を購入し、これを小作担当人と呼ぶ豪農や地方名望家に経営させ、士族授産の大きな役割を果たした。また明治十八年（一八八五）には十万円を出して田圃《たんぼ》を購入し、この資本を元手に旧紀州士族のための学校を設立、「孤独老廃」を救恤《きゅうじゅつ》した。また茂承は、明治二十一年に和歌山県下が暴風雨の被害を受けたさいには罹災者へ七千円を提供、明治二十四年の水害のときも罹災者のために一万円を拠出している。このように廃藩後も茂承は、紀州や旧士族のことに心を砕き続けた。

また憲法発布後、貴族院議員としても活躍していたが、明治三十九年（一九〇六）、麻疹《はしか》から肺炎となり、尿毒症を併発して六十三歳で死去した。

第二章
最後の将軍・徳川慶喜に翻弄された殿様

徳川昭武

兄慶喜の身を案じた仲の良い弟

嘉永六年（一八五三）～明治四十三年（一九一〇）

とくがわ あきたけ

常陸国水戸藩主・徳川斉昭の十八男として生まれる。水戸で幼少期を送るが、兄・昭訓の看病のため京都にのぼる。昭訓の死後、禁闕守衛に就任、慶応2年（1866)、御三卿の一つ清水家を相続。同年慶喜の名代としてパリ万国博覧会に参加し、そのままパリに残り留学生活を送る。慶応4年（1868)、新政府の帰国命令を受け、帰国後、十一代水戸藩主に就任する。

水《み》戸《と》藩

徳川家康の十一男頼房を藩祖とし、徳川宗家の長子が絶えたときのためにつくられたとされる御三家の一つ。時代劇でお馴染みの水戸黄門こと光圀は二代藩主。

徳川昭武（福井市立郷土歴史博物館蔵）

年の離れた兄・慶喜

慶応《けいおう》三年（一八六七）十月十四日、江戸幕府の十五代将軍・徳川慶喜《とくがわよしのぶ》は、朝廷に大《たい》政奉還《せいほうかん》（政権の返上）を上奏した。翌日、朝廷はこれを受理し、二百六十年続いた江戸幕府は形式的に消えることになった。

徳川昭武《あきたけ》は、そんな大政奉還をおこなった将軍・慶喜の弟である。といっても、慶喜のほうが年齢は十六歳も上だった。

昭武の父は、水戸藩九代藩主・徳川斉昭《なりあき》。斉昭は、尊王攘夷《そんのうじょうい》をとなえて水戸藩の改革を断行、幕府にも政治力を発揮した君主であった。だが、大老の井伊直弼《いいなおすけ》と将軍継嗣《けいし》問題で対立して処罰を受け（安政《あんせい》の大獄《たいごく》）、失意のなかで急死した。昭武はなんと、斉昭の十八番目の男児であった。

幼い頃は、水戸に送られてスパルタ教育を受けて育った。その後、兄で禁闕《きんけつ》守衛に任じられていた昭訓《あきくに》が病気になると、少年昭武は兄の看病のために京都へ派遣された。そして元治元年（一八六四）に昭訓が死去すると、その後任として、たった十二歳で禁闕守衛に就任したのだった。ちょうどこの時期、将軍後見職であった兄の一橋《ひとつばし》慶喜が禁裏《きんり》御守衛総督についており、以後、昭武は兄を補佐することになった。同年夏には長州《ちょうしゅう》軍が大挙して京都に攻め込んできたが、このとき昭武は御所に入って、けなげに皇室を守護したという。やがて昭武は、御三卿の一つである清水家を継いだのだった。当初は、会津藩主の松平氏の養子になる予定であったが、慶喜が昭武に期待し、場合によっては自分の跡を継がせようと、将軍になれる清水家の当主にしたのだという。

だが、大政奉還によって慶喜が将軍職を退いたとき、昭武は京都にはいなかった。なんと、フランスに留学していたのだ。彼を異国の地へ遣わしたのは慶喜であった。

慶喜は十五代将軍になると、フランスの支援を受けながらすさまじい幕政改革を展開していったが、あるときフランス公使ロッシュが慶喜に対し、パリで開かれる万国博覧会への出席を求めてきたのである。もちろん国事多難ゆえ、みずからが海外へ赴《おもむ》くわけにはいかない。そこで名代として昭武を現地へ遣わすことにしたのだ。このとき昭武は、まだ十四歳の少年であった。

ヨーロッパをめぐるプリンス・トクガワ

昭武一行は、慶応三年正月に日本をたち、約五十日かけてフランスのマルセイユに到着した。パリで万博の主要行事に参列したあと、スイス、オランダ、ベルギー、イタリア、イギリスなど、ヨーロッパ各地を巡歴して各国の高官や貴族と交流し、江戸

マルセイユで撮影された記念写真「徳川民部大輔殿下と日本政府特別使節」。中央が徳川昭武（松戸市立戸定歴史館蔵）

幕府や日本の存在をアピールし、同年十一月、ふたたびフランスに戻った。

昭武は、次期将軍だとして欧米のメディアで「プリンス・トクガワ」として大きく紹介された。また、日本の出品した芸術品は話題となり、これを機に日本が着目され、ジャポニズム（日本趣味）のきっかけとなった。いずれにせよ、日本という小国を欧米に知らしめた昭武の功績は絶大だといえる。

日本代表の役目を果たした昭武は日本に帰らずに、パリの地でチョンマゲを切り落とし、羽織袴から洋装に衣がえをして留学生活を始めた。

ヴィレット中佐というフランス人が昭武の教育係となり、語学や文学、歴史や地理、科学だけでなく、絵画や馬術・体操、水練といったものも、数人の教師が分担して昭武に教授した。その日課は、いま見ても非常にハードなものであった。

ところで、昭武が日本を出立するさい、すでに倒幕運動が盛り上がりを見せており、政局が激動する様相を呈し始めていた。しかし慶喜は、「故国で何かあったとしても動揺せずに勉学を続行せよ」と昭武に言いふくめ、海外へ送り出した。

しかし、慶応四年一月二日に兄の慶喜が大政奉還をおこなったという情報が届くと、さすがの昭武も動揺した。さらに二月半ばになると、もっと悪い知らせが届く。鳥《と》羽《ば》・伏見《ふしみ》の戦いで旧幕府軍が新政府軍に敗れ、慶喜が朝敵として征伐を受ける事実を知ったのだ。このおり、昭武のもとに慶喜の直筆の手紙も届いたという。実物は残存しないが、「留学を続けるよう」と記されていたようだ。

昭武に従っていた栗本《くりもと》安芸守《あきのかみ》ら十名は急ぎ帰国したが、昭武をはじめ七名はそのまま残留することになった。残留組のなかには、のちに大実業家になる慶喜の家臣・渋《しぶ》沢栄一《さわえいいち》がいた。そしてこの渋沢が、昭武の傅役《もりやく》のような立場についた。

閏《うるう》四月、慶喜から手紙が来た。そこには、「お前は帰国せずに勉学を続けよ。私もそちらに行きたいと思っている」と記されていた。したためられた時期は、まだ新政

渋沢栄一（国立国会図書館蔵）
武州血洗島村（埼玉県深谷市）の豪農の子として生まれたが、幕臣となる

府軍による江戸城総攻撃と慶喜の処分が決定していなかった。ゆえに慶喜は、場合によっては、列強の公使らを頼ってフランスへの亡命を考えていたのかもしれない。

だがまもなく、昭武は新政府から帰国命令を受け取った。すでに江戸城は無血開城され、慶喜は故郷である水戸で謹慎生活に入っていた。

ただ、今後の政局はまだ不透明であり、徳川が盛り返す可能性もあるとして、ヴィレット中佐は帰国に反対したが、昭武は帰国を決意し、皇帝のナポレオン三世に別れの挨拶をし、九月にフランスを離れた。そして十一月、神奈川に上陸する。二年ぶりに故国の地を踏んだのである。

水戸藩最後の藩主へ

帰国すると、昭武は、ただちに十一代水戸藩主に就任した。じつは昭武の兄で水戸藩主であった慶篤《よしあつ》が、脚気《かっけ》のために慶応四年（一八六八）四月、三十七歳の若さで歿してしまっていたのである。

十一月二十三日、藩主に内定した昭武は、明治天皇に謁見《えっけん》したが、翌日、「箱館《はこだて》に籠《こ》もる榎本武揚《えのもとたけあき》ら旧幕府脱走軍を討伐せよ」という命令が新政府から水戸藩にくだった。このとき水戸藩には、出兵できる体力はなかった。藩内での激しい派閥抗争のせいである。当初、藩の実権をもっていた尊攘派（天狗党）は、保守派（市川派）に駆逐されたが、朝廷の新政府が成立すると、今度は勢いを盛り返し、保守派を弾圧して権力を握った。このため保守派はいったん藩外へ逃れたが、やがて水戸へ舞い戻り、激しい攻防のすえ、保守派は敗北して藩の内訌《ないこう》は終息したものの、それは、昭武が藩主になるわずか一ヵ月前の出来事であった。

十二月、昭武は疲弊した領内を慰撫するために水戸へ入った。そして、藩内の融和につとめるとともに、出兵の準備をととのえた。だが新政府は、急に出兵の中止を命じてきた。へたに昭武を蝦夷地《えぞち》へ派遣すると、昭武が徳川一族であるがゆえに、榎本らに担がれる危険もあったからだ。

けれど昭武は、一部でも箱館戦争に参加させてほしいと願い、ようやく二百名の参戦が許された。

箱館戦争が終結すると、意外にも昭武は、新政府に蝦夷地の開拓を願い出る。じつは蝦夷地開拓は、亡父・斉昭の夢であった。

新政府も、ロシアの侵略をふせぐため、蝦夷地の開拓は急務だと考えていたから昭武の願いを入れ、天塩国《てしおのくに》（現在の道北の一部）のうち、五郡の開拓を許可した。

明治三年（一八七〇）三月から水戸藩士の入植が始まり、昭武も同地へ向かった。二ヵ月ほど天塩国一帯を視察し、鳥を撃つなど狩猟を楽しみ、アイヌの人々とも交流している。このように藩主が率先して力を入れた開拓事業だったが、翌明治四年の廃藩置県で政府の省庁である開拓使へ移管しなくてはならなくなった。

廃藩置県により水戸藩が消滅したことで、昭武も藩主（知藩事）という立場から解放された。それからの昭武は、水戸藩の屋敷がある向島《むこうじま》の小梅《こうめ》（現在の隅田《すみだ》公園）を拠点とするようになった。翌明治五年五月、昭武は公卿・中院通富《なかのいんみちとみ》の娘・栄姫《えい》（瑛子《えいこ》）と婚約する。まだ十二歳の少女だったので、実際の結婚式は、それから三年後になった。

捨てきれぬ海外への夢

明治六年（一八七三）自由の身になったこともあり、昭武はフランス人を教師に雇ってフランス語を学び始めた。どうやら昭武は、勉学を中断して帰国したことがずっと心残りで、できれば近いうちにふたたびフランスへ行きたいと考えていたようだ。

ところが、翌七年、いきなり新政府から呼び出しを受け、陸軍少尉に任じられたのである。昭武にとって思いも寄らぬ人事であった。が、政府の命令とあらば、やむを得ない。

昭武は、戸山《とやま》学校に配属された。この学校は、陸軍の将校や下士官の実技訓練校であった。昭武もしばらく実技の訓練を受け、翌年から本格的に教官として部下を指導する立場についた。

だが、この軍人生活は、一年半で終わりを告げた。

明治九年（一八七六）二月、昭武はアメリカのフィラデルフィアで開催される万国博覧会の御用掛に任ぜられ、渡米することになったのだ。これは、本人が強く希望したものであった。昭武は、米国博覧会事務副総裁・西郷従道《さいごうじゅうどう》を補佐して、よく外国の高官たちと交流したが、役目を果たしたあと、政府の許可を得て、イギリス経由でフランスへ入った。

その後は、パリのヴィエーユ・セストラパド街のロロワゼル家に住み、エコール・モンジュという学校に通い始めた。約一年後、昭武の嗣子《しし》・篤敬《あつよし》もフランスに留学してきた。嗣子といっても、昭武の子供ではない。亡兄・慶篤の遺児で、昭武より二歳年下に過ぎなかった。

昭武は、篤敬とともに中部ヨーロッパを旅行してまわったが、供などはおらず、自分たちで企画して各地をめぐった。感激したのは、ドイツのケルン大聖堂だ。その日記には、この建物が一二四八年に建築を始めてから現在まで六百三十年以上も工事を続けている事実に驚いている。また、犬にひかせる犬車に目をうばわれたり、精巧な蠟人形を本物と見間違えるなど、ほほえましい勘違いもあった。そんな愉快な旅を終えたあと、半年間ほどイギリスのロンドンに滞在して見聞を広げた。そして明治十四年（一八八一）四月にパリへと戻り、翌六月、帰国した。留学は四年間に及んだ。

慶喜・明治天皇との束の間の交流

明治十六年（一八八三）正月、昭武は静岡に閑居《かんきょ》している兄の慶喜のところへ出向いた。二人がまみえるのはじつに十五年ぶりのことであった。慶喜は、この愛弟の来訪を心待ちにしていた。きっと積もる話もあったことだろう。翌朝、慶喜は昭武を伴って安倍川《あべかわ》で猟を楽しんだ。昭武も陸軍に属し、銃の扱いが巧みになっていたようで、多くの趣味のなかでもとくに狩猟を好んだ。

同年十月にも、昭武は熱海《あたみ》で慶喜と会し、以後、慶喜が多くの兄弟のなかで最も親密な交流を続けたのは昭武であった。慶喜が東京に出てくるときには、必ずその面倒をみている。

昭武は、旧領内の大能《おおの》地方で牧場経営を始める。水戸藩では、二代藩主・光圀《みつくに》の頃に馬の放牧場が開かれた。その後いったん衰退したが、父・斉昭が再興した。しかし、それは明治二年に廃されたので、亡父・斉昭の遺志を継ぎ、大能に牧場を開設したのである。昭武は現地へ出向いて調査をおこなうとともに、千葉県の育種場で馬の掛け合わせを研究するなど、牧場や馬についてずいぶんと熱心に勉強を重ね、最終的に一年の半分を放牧し、残りを牧舎内で飼育することに決め、十年間に六万円の大金を投入して周辺道路の整備や畜舎の建設をおこなった。

さらに、天龍院《てんりゅういん》地区で植林事業も開始した。両事業は順調にすすみ、明治二十三年には、天皇に牧場で育てた馬をご覧に入れ、そのうち一頭を献上した。天皇は一歳年下の昭武とは気が合ったようで、明治十五年に昭武の小梅邸に行幸《ぎょうこう》している。これは明治八年に次いで二回目のことだった。

若くして家督を譲る

明治十六年、昭武は水戸家の当主を退いた。まだ三十歳の若さであったが、フランス留学を終えた篤敬が帰国してきたからだ。この決断は、周囲を驚かせたが、昭武の意志は変わらなかった。自由な立場になって、牧場・植林事業に力を注ぎ、趣味に没頭しようと考えていたのかもしれない。

また、ちょうど妻の瑛子が妊娠しており、もしその子が男の子なら、後継者について悶着《もんちゃく》が起こる。これを未然に防ぐための引退だったのかもしれない。

だが、そんな昭武に、にわかな悲劇が襲う。同年二月、女児を出産した瑛子が産《さん》褥熱《じょくねつ》で帰らぬ人となってしまったのだ。彼女はまだ二十三歳であった。妻を亡くした昭武は悲しみのあまり、三月末から自宅を出て大能へ向かった。ずっと日記をつけていた昭武なのに、この時期だけは残っていない。記録をつける気にもなれなかったのだろう。隠居の身となった昭武は、現在の千葉県松戸市の戸定《とじょう》の高台に新たに和様の屋敷をつくって、翌年六月より生母の睦子《ちかこ》と暮らし始めた。遠くに富士が見え、眼下に江戸川が流れる景勝の地である。また、起伏の激しさを利用して敷地に和洋折《せっ》衷《ちゅう》の庭園がつくられた。

徳川斉昭の子供たち

徳川斉昭《なりあき》
水戸藩九代藩主

- 徳川慶篤《よしあつ》　水戸藩十代藩主
- 徳川慶喜《よしのぶ》　一橋家九代当主　十五代将軍
- 松平昭訓《あきくに》
- 徳川昭武《あきたけ》　清水家六代当主　水戸藩十一代藩主
- 松平喜徳《のぶのり》　会津藩十代藩主　守山松平家九代当主

　昭武は、八重《やえ》という女性を同居させた。隠居の身ゆえ正式に正妻を迎えるのもはばかられたが、実際は後妻であった。八重は、政子《まさこ》（昭武の次女）、長男の武麿《たけまろ》、次男の武定《たけさだ》と立て続けに三子をもうけた。長男の武麿は病弱のため成人しなかったので、武定が嫡男《ちゃくなん》となった。とはいっても、昭武は隠居の身。篤敬にも男児が生まれており、武定が水戸家を継ぐことはできない。これを憐《あわ》れんだのか、政府はたった四歳の武定が分家をつくることを認め、彼を子爵《ししゃく》に叙して華族に取り立てたのである。通常、分家は男爵《だんしゃく》が一般的だったが、明治天皇と入魂《じゅこん》だったこともあり、特別な配慮がなされたようだ。昭武も喜んだことだろう。

趣味に生きた晩年

隠居した昭武は、天龍院地区に悠然亭《ゆうぜんてい》と呼ぶ山荘をつくり、しばしばこの山荘に赴いて牧場・植林事業に精を出した。

明治三十年（一八九七）、慶喜が静岡から拠点を東京に移し、翌年三月、三十年ぶりに明治天皇に謁見した。同年五月、昭武は戸定邸に慶喜や徳川宗家の家達《いえさと》などを招いて歓待した。慶喜が東京に移ってから、昭武は兄としょっちゅう近郊で鴨猟、大能で雉《きじ》や兎《うさぎ》狩りを楽しんだ。互いに多趣味な人間で、慶喜は自転車を愛用したが、その影響を受けて昭武も自転車に乗るようになった。逆に、昭武がフランス製のカメラで人物や風景を撮るようになると、慶喜も感化された。昭武は、旅行にも現像道具を持参して撮った写真をすぐに現像して知人に送っている。

どうしたわけか、妻の八重とは、一緒になって十二年たってから直子《なおこ》、温子《はるこ》と立て続けに女児をもうけた。五十歳に近かった昭武は、この女児らが子供の頃、たびたび二人をモデルに写真を撮った。

明治四十一年（一九〇八）一月、真冬に松戸近辺で一日中、釣りを楽しんだ帰り道、用を足すと、コーヒー色の小便が出た。驚いて順天堂で診察を受けたところ、右の腎臓が機能していないことがわかり、片方の腎臓を摘出した。二ヵ月の入院で全快したものの、明治四十二年になると体調が思わしくなくなり、二月から三月の間に熱海や小田原《おだわら》に湯治へ出向いたものの、状況は改善しなかった。五月、体調不良のなか、昭武は慶喜の屋敷に出向いたが、それからまもなく寝たきりとなり、明治四十三年（一九一〇）七月三日、五十八歳の生涯を閉じたのである。

松平春嶽

徳川慶喜に裏切られ通しの坂本龍馬の理解者

文政十一年（一八二八）〜明治二十三年（一八九〇）

まつだいら しゅんがく

文政11年（1828）、御三卿田安家の徳川斉匡の八男として生まれる。天保9年（1838）、越前国福井藩主・松平斉善が急死したため、11歳で十六代福井藩主となる。老中阿部正弘とともに開国派として活躍。十三代将軍・徳川家定の継嗣に一橋慶喜を推すが、井伊直弼が大老につくと、藩主の座を養子の松平茂昭に譲り、蟄居。桜田門外の変で井伊直弼が横死後、幕閣として復帰。新設の政事総裁職に就任し、松平容保を京都守護職につける。

福井藩《ふくい》

慶長6年（1601）、徳川家康の次男結城秀康が入ったのが藩の始まり、秀康の嫡男忠直が素行不良のため豊後に流された跡をその弟たちが継いだ。以来幕末まで福井藩は松平家が継承した。

松平春嶽（福井市立郷土歴史博物館蔵）

名もなき龍馬に面会した春嶽

若い頃の坂本《さかもと》龍馬《りょうま》が、開国派の勝海舟《かつかいしゅう》を殺しに出向いたとき、勝から世界情勢を聞かされ、これに感銘を受けてその場で弟子入りしたという有名なエピソードがある。

実際、勝自身もこのときの様子を「坂本龍馬。彼《あ》れは俺を殺しに来た奴だが、なかなかの人物さ。そのとき俺は笑って受けたが、沈着《オチツ》いてな、なんとなく冒しがたい威権があって、よい男だったよ」（勝海舟著　江藤淳・松浦玲編『氷川清話』）と回想している。

だが、得体の知れぬ者に、軍艦奉行並《ぐんかんぶぎょうなみ》（幕府の重職）の勝海舟が面会すること自体おかしな話だ。じつは、龍馬が勝に会えたのは、幕府の政事総裁職《せいじそうさいしょく》だった松平春嶽《まつだいらしゅんがく》（慶永《よしなが》）の紹介状を持参したからであった。政事総裁職というのは、幕府の大老《たいろう》に匹敵する地位、現在でいえば総理大臣といっても過言ではない。そんな春嶽の紹介状を持ってきたので、さすがに勝も会わないわけにはいかなかったのだろう。

ただ、春嶽本人は、

「坂本、岡本（健三郎）両士、余（私）に言う。勝（海舟）、横井《よこい》（小楠《しょうなん》）に面晤仕度、候の紹介を請求す。余、諾して勝、横井への添書を両士に与えたり……（略）。両士、勝に面会し、議論を起こして勝を惨殺するの目的なりと聞く」

と書簡に記している。驚くべきことに、この春嶽という男、龍馬が刺客だと知りつつ、勝への紹介状をしたためたのだ。
が、そこには、勝海舟に対する春嶽の絶対的な信頼があったと思われる。「勝の胆力を持ってすれば、青二才の龍馬なぞ、わけもなく手のなかで転がしてくれるだろう」という安心感だ。事実、龍馬は、即座に勝の弟子となっている。

くわえて春嶽は、龍馬という名もなき若者に、光るものを見出したのではないか。春嶽はその書簡に「(坂本の)談話を聞くに、勤王《きんのう》攘夷《じょうい》を熱望する厚志を吐露す」と記している。当時の龍馬は、日本海軍を創設して攘夷を決行しようと考えていたから、その夢を春嶽に熱く語ったのだろう。さらに春嶽は「龍馬から丁寧な忠告を受けた。感激に堪《た》えない」と書き残している。具体的な内容はわからないが、龍馬は春嶽に非常に重要なアドバイスや警告を発したようだ。

坂本龍馬（国立国会図書館蔵）
土佐藩郷士の次男に生まれるが、のちに脱藩。薩長同盟の仲介をするなどした

春嶽は、十六代越前国《えちぜんのくに》福井《ふくい》藩主であった。福井藩は、家康の次

男・結城《ゆうき》秀康《ひでやす》を祖とする親藩《しんぱん》大名。ただ、春嶽の生まれは徳川御三卿《ごさんきょう》の一つ田安《たやす》家である。十一歳のとき、まだ子のなかった十五代越前藩主・松平斉善《まつだいらなりさわ》が病死したので、急きょ、福井藩主となったのだ。

若くして隠居させられる

龍馬と出会ったとき、春嶽はまだ三十代半ばであったが、すでに藩主の地位を養子・茂昭《もちあき》に譲っていた。好きで譲位したわけではない。一橋慶喜を将軍・家定《いえさだ》の後嗣《こうし》にしようとしたことで、大老の井伊《いい》直弼《なおすけ》の弾圧（安政《あんせい》の大獄《たいごく》）を受け、隠居させられたのだ。それから丸四年間、春嶽は逼塞《ひっそく》することになったが、のちに復権し政事総裁職として幕政を握ったのである。

春嶽は龍馬と会った翌文久《ぶんきゅう》三年（一八六三）に上洛するが、やがて政局は激変し、混乱を収拾しようと努力したもののなかなか困難で、慶応《けいおう》二年（一八六六）春、第二次長州《ちょうしゅう》征討がおこなわれることになった。このとき慶喜が春嶽に意見を求めてきたので、そんなことをすれば大乱になってしまうと断固、反対した。だが幕府は征討軍を慶応二年六月三日に進発させてしまった。しかし幕府は連敗を重ねた。このため春嶽は同月二十九日に上洛し、慶喜に会ってただちに将軍・家茂《いえもち》が死んだことを理由に征討軍を退去させるとともに、あなたは将軍職を継いではならないと諫言《かんげん》した。春嶽は列藩会議による政治運営を構想しており、もし将軍職を継ぐとしても、慶喜にもっと人望が集まってからでないとダメだと考えていた。

慶喜は春嶽の言うとおり、当初、徳川宗家は継いでも将軍職を朝廷から拝命しなかった。しかし、結局、四ヵ月後に周囲の期待もあって将軍職を引き受けてしまう。春嶽はこれに失望したのか、国元へ戻ってしまった。

長州征討の失敗で倒幕派はにわかに勢いづき、慶喜は慶応三年十月に政権を朝廷に返還せざるを得なくなり、江戸幕府は地上から消滅した（大政奉還《たいせいほうかん》）。倒幕派の薩摩《さつま》・長州藩は、何としても徳川家を武力討伐したいと考え、十二月九日に王政復古《おうせいふっこ》の大号令を発して朝廷のもとに新政府を樹立、同日夜、慶喜に対し「辞官納地」を命じた。領地の返還を迫って徳川家の暴発を誘ったのだ。

徳川慶喜（国立国会図書館蔵）
水戸藩主・徳川斉昭の子として生まれ、一橋家に養子に入った

このとき春嶽は、慶喜を説得して京都の二条城から大坂城へ退去させ、その後、元土佐藩主の山内容堂《やまうちようどう》（豊信《とよしげ》）とともに諸藩に働きかけて慶喜を新政府に参画させようと動いた。これに多くの藩が賛同し、ついに新政府における倒幕派が力を失う。このままいけば、慶喜が新政府の盟主につくところまでこぎ着けたのだ。ところが十二月末、江戸の佐幕派（庄内藩士など）が倒幕派の挑発に乗って薩摩藩邸を焼き打ちにしてしまった。この知らせが大坂城に届くと、兵たちは激昂し、これを抑えることができなくなった慶喜は、ついに薩摩討伐をかかげ、京都への進撃を許してしまったのである。

だが、鳥羽《とば》と伏見《ふしみ》で旧幕府軍は敗北する。これを知った慶喜は大坂城から敵前逃亡をはかった。新政府は慶喜を朝敵と認定し、征討軍を派遣することにした。

徳川家存続のため奔走する

慶喜は江戸城に戻ると、京都にいる春嶽に慶応四年（一八六八）正月二十一日付で書簡を送り、「私の気持ちに反して朝敵の汚名をこうむってしまったことに恐縮している。跡継ぎを定めて引退するので、朝廷に対し私の汚名をそそいでほしい」と頼んできた。

春嶽は「とにかくいまはひたすら恭順《きょうじゅん》の意を表し、謝罪すべきとき。後継についてあれこれ言うべきではない」と怒りを含んだ返書をしたためたが、その一方で、徳川家存続のために必死に動き出す。慶喜も春嶽にたしなめられ、二月五日には「謹慎して朝廷の処決を仰ぐ」とする書を春嶽に差し出し、周旋を依願したのだった。

そこで春嶽は、十八日に三条実美《さんじょうさねとみ》や岩倉具視《いわくらともみ》ら朝廷の実力者のもとに出向いて、慶喜に対する穏便な取り計らいを依頼した。すでにこれより数日前に、有栖川宮熾《ありすがわのみやたる》仁《ひと》親王を大総督《だいそうとく》とする新政府軍が出発してしまっていた。春嶽はこの進軍を中止させようと、太政官《だじょうかん》に働きかけたところ、太政官は「有栖川宮の手をへて停戦の建白書を太政官に差し出すように」と回答してきた。そこですぐに春嶽は、有栖川宮にこれを送付したが、当人には届かなかった。どこかで握りつぶされたのである。もちろん、倒幕派の仕業であろう。

ただ、新政府軍は結局、西郷隆盛《さいごうたかもり》と徳川方の勝海舟との会見によって、江戸城を無血開城するという条件で武力行使を見送り、慶喜の一命も救われることになった。

春獄に押し寄せる新時代の波

春嶽は、新政府の議定《ぎじょう》（重職）となり、次いで内国事務総督《ないこくじむそうとく》を兼務することになった。同年三月には列強の外交公使が参内《さんだい》するにあたり、その御用掛《ごようがかり》も拝命している。このときの応接の模様を春嶽は養子・茂昭に手紙で詳しく語っている。

イギリス公使パークスを招いたさい、春嶽はパークスに「あなたと私は四十歳で同い年、兄弟のちぎりをかわそうではないか」と述べると、パークスは大いに喜んで菓子を春嶽に与えたという。さらにその後、ウリース、アトミラール、カピテイン、サトウらに誘われて彼らの部屋で酒を飲み、興《きょう》に乗った春嶽がウリースに扇子《せんす》を与えると、ウリースは西洋人の冠を春嶽の頭の上にのせ、みんなで大笑いするなど、和やかな雰囲気で接待を終えた。

フランス公使に饗応を受けたときには、牛や豚、鶏肉の揚げ物が出たが、春嶽の舌にあったとみえ、なんと三度もお代わりした。「玉子と牛の乳トを蒸シ中ニ鯛、是ハうまく候」と書かれており、茶碗蒸しのような西洋料理を特段うまく感じたようだ。

新政府の冷酷な仕打ち

翌月、いよいよ江戸が無血開城され、徳川家の処分をどうするかが新政府のなかで議題となった。春嶽は四月二十五日、新政府に宛てて徳川救済の嘆願書を提出している。それは次のような内容であった。

「恐れながら、なにとぞ徳川譜代の臣たちが流浪しないほどの禄を与えてやってください。俗に旗本八万騎と称します。こうした者たちが流浪すると、皇国のためにもよろしくないと存じます」

さらに春嶽は岩倉具視と会って、徳川家についての寛大な処分を懇願し、閏《うるう》四月には、田安亀之助《かめのすけ》（のちの徳川家達《いえさと》）に徳川宗家を相続させ、最低でも百十万石の石高を与えて、そのまま江戸を拠点とさせてほしいという建白書を新政府にしたためた。

だが、翌五月末に徳川家は七十万石で駿府《すんぷ》（静岡）へ移されることになった。徳川家は直轄地と旗本知行地を合わせて七百万石の大名であったから、その石高はわずか十分の一になってしまったわけだ。

春嶽は自分の意見が通らなかったことに憤《いきどお》りを覚えた。なおかつ、会津の松平容保《かたもり》が謝罪状を春嶽に差し出してきたさい、春嶽は新政府に寛大な措置を求めたにもかかわらず、新政府は朝敵の汚名を着せたまま徹底的にたたきつぶした。

このようなやり方に失望した春嶽は、七月に岩倉と会って議定職の辞任を申し入れた。しかし岩倉は、明治天皇の叡慮《えいりょ》であるとして、これを許さなかった。

翌明治二年（一八六九）になると、大名クラスの人物は新政府から排斥され、参与であった西郷隆盛、大久保《おおくぼ》利通《としみち》、木戸《きど》孝允《たかよし》ら能吏《のうり》（優秀な役人）が政権の中枢にのぼっていった。そうしたなか、春嶽は民部卿《みんぶきょう》としてその地位に留まり、さらに同年八月に大学別当《だいがくべっとう》兼侍講《じこう》に就任した。これは文教政策をつかさどる現在の文部科学大臣にあたるような職であった。けれども翌明治三年七月に春嶽は同職を免じられ、麝香間祗候《じゃこうのましこう》になった。とうとう重職から退くことになったのである。まだ四十二歳であった。

それ以後の春嶽は二度と明治政府の要職につくことがなかった。明治六年（一八七三）、七年ぶりに福井に戻って墓参し、同年十二月には明治天皇を邸宅に迎えるという栄誉を得た。明治十年には天皇が西国に行幸《ぎょうこう》するさいに供奉《ぐぶ》した。

政界を引退した春嶽は、あり余る精力を執筆に注ぎ込んだ。自身の伝記、見聞記、江戸幕府の制度や慣例、福井藩士の伝記、徳川家達への教訓書、偉人たちの逸話集など、まことに多くの文章を遺した。

爵位をめぐって最後の意地を見せる

明治十七年（一八八四）、華族令が制定され、越前松平家にも爵位《しゃくい》が授与された。春嶽はすでに引退しているので、当主の茂昭が叙爵した。公《こう》・侯《こう》・伯《はく》・子《し》・男爵《だん》の五段階のうち、茂昭が与えられたのは伯爵であった。

政府の決めた爵位を与える規準に従えば、この地位は妥当なものであった。ところが春嶽をはじめ越前松平家はこれに納得できなかった。徳川家のなかでは、同家は御三家同様の扱いを受けてきたし、春嶽の幕末における功績は抜群だった。事実、薩摩の島津家と長州の毛利家には、公爵が与えられているではないか。

そこで、越前松平家の重臣・毛受洪《めんじゅひろし》の名をもって、嘆願書が新政府に提出された。

「松平慶永《よしなが》（春嶽）儀はつとに尊王憂国の志深く身命を顧みず奔走尽力し、それがため幕府の忌諱《きき》に触れ退隠閉居するに至りしも、幸ひに聖明の降運に遭遇し、あまつさへ重職を奉じ、遂に復古の偉業を建てさせらるるに至るまで拮据鞅掌《きっきょおうしょう》微力ながらも宏謨《こうぼ》を翼賛つかまつり候」「かつ祖先中納言秀康（家康の次男）以来、代々諸侯の上首に列し候家柄にも御座候につき、右など併せて諒察成し下され、何卒《なにとぞ》特別の御詮議《ごせんぎ》をもつて侯爵に列せられたく、旧藩士一同伏して懇願奉り候」（浅見雅男著『華族誕生―名誉と体面の明治』カッコ内は筆者が補足）

異例ながら、この願いは叶えられた。不当な扱いを受けたと屈辱を感じていた春嶽をはじめとする越前松平家に、助け舟を出したのは春嶽の盟友・勝海舟であった。勝が長州の実力者伊藤博文《いとうひろぶみ》を介して猛烈に新政府に働きかけたのである。

その結果、明治二十一年一月、茂昭は侯爵となった。翌月、春嶽は小石川の邸宅に旧臣たちを大勢招き祝宴を開いている。さらに嬉しいことに、同年九月に春嶽に従一《じゅいち》位《い》が与えられた。これを往古の官職に当てはめれば、太政大臣に匹敵する地位である。

翌二十二年には、春嶽に勲一等旭日《きょくじつ》大綬章が与えられた。だがこの頃より体調を崩してしまう。胃がんであった。そして翌年の明治二十三年（一八九〇）六月二日、六十三歳の生涯を閉じたのである。

龍馬が恋人に渡した春嶽との思い出

それから三年後の明治二十六年夏、千葉さな子のもとを『女学雑誌』の記者山本節が訪れた。坂本龍馬の思い出をインタビューするためにやってきたのだ。さな子は、龍馬が剣術修業していた千葉道場の娘で、龍馬と恋仲になり、妻だと自称している女性であった。

さな子は、山本に坂本龍馬との関係を静かに語り始めた。

「龍馬さんは、じっくり私の人となりを見てから、父定吉に妻にほしいといったようです。これに対して父は、『我女（娘）は狂人のみ、蓋《けだ》し卿（龍馬）の熟知する所、卿若《も》しその狂人を娶《めと》るに意あらば、我曷《な》んぞ之を拒まん』と了解したようです。私もそれを承諾しまして、天下が静謐《せいひつ》になってから挙式をすることにしました。このおり千葉家からは、結納の品として短刀を一振り龍馬さんへ送りました。これを受け取った龍馬さんは、『私には結納品とすべきものがないので、代わりにこれを納めてほしい』と、福井藩主・松平春嶽公より拝領した着古した袷衣《あわせ》をいただきました」（巌本善治編集『女学雑誌』第三百五十二号の記事を意訳）

なんと、龍馬がさな子に贈った結納品は、春嶽からもらった着物であった。龍馬にとっては最も大事な宝物だったのだろう。しかも服は着古していたというから、いかに龍馬が春嶽との関係を自慢にしていたかがよくわかる。坂本龍馬ほどの大器に心底敬愛された春嶽、幕末に八面六臂《はちめんろっぴ》の活躍をした春嶽、そんな彼も後半生は、このような執筆三昧の日々を送り、ふたたび政界に現れることなく逝《い》った。すでに時代は、大名の活躍できる世ではなくなっていたのである。

山内容堂

晴らせぬ鬱憤を酒で紛らわせる

文政十年（一八二七）〜明治五年（一八七二）

やまうち ようどう

土佐国山内家の分家の一つ南屋敷山内家・豊著の長男として生まれる。本家の豊惇が急死したが、子供がなく、急きょ養子となって跡を継いだ。

吉田東洋を登用して藩政改革を断行するが、東洋は土佐勤王党に暗殺されてしまう。のちにその中心的人物であった武市半平太に切腹を命じている。土佐は幕末雄藩の一つに数えられているが、容堂自身は、自分の思うように事が運ばず、酒浸りの晩年を送ることになった。

土《と》佐《さ》藩

山内一豊が関ヶ原の戦いののちに入る。当初は前領主・長宗我部の元家臣たちを抑えるために苦労した。こうした家臣たちは郷士と呼ばれ、山内家の元からの家臣（上士）たちの下に置かれたが、郷士のなかから坂本龍馬などが出る。

山内容堂（福井市立郷土歴史博物館蔵）

はからずも藩主へ

山内容堂《やまうちようどう》（豊信《とよしげ》）は、本来、土佐藩主になれるべき人間ではなかった。文政《ぶんせい》十年（一八二七）に、藩主・山内氏の分家筋にあたる南屋敷《みなみやしき》山内家・豊著《とよあきら》の長男として生まれた。実母は大工の娘だったが、父から家督を受け継ぎ、千五百石を領していた。何もなければ、そのまま分家の当主として世を終えたことだろう。ところが嘉永《かえい》元年（一八四八）、土佐藩主・山内豊惇《とよあつ》が急死する。まだ二十五歳で嗣子《しし》はなく、急きょ、容堂が従兄である豊惇の養子となり、十五代藩主に就任することになったのである。

はからずも藩主についたことから、当初は、隠居していた十二代藩主・豊資《とよすけ》（前藩主・豊惇の実父）や重臣に政権運営を任せていたが、黒船の来航を機に、海防強化の必要性を実感し、吉田東洋《よしだとうよう》を抜擢してみずから藩政改革を始めた。

ただ実権を握ってみると、自分が藩主として力不足だと知り、必死に学問の修得につとめた。机にもたれ布団をかけて書見し、そのまま眠り、また目が覚めたら書物を読むという努力のすえ、一流の学者といってもよい水準にまで己を高めたのである。そんなことから、幕末の賢侯の一人にあげられるようになった。

武市に見せる表と裏の顔

土佐藩の郷士《ごうし》（下士）武市半平太《たけちはんぺいた》は、藩を丸ごと勤王《きんのう》（尊王）一色に染め上げ、正規軍を動かして攘夷《じょうい》（外国人の排斥）を実行しようと考え、郷士たちと盟約を結んで土佐《とさ》勤王党《きんのうとう》を創設、反対派の吉田東洋を暗殺し、発言力を増大させた。

この頃の半平太が妻に宛てた手紙には「容堂様へ七度も御目通り仰せつけられ、誠にありがたき御意を蒙《こうむ》り、只々《ただただ》落涙いたし候」とか、「日々容堂様へ御目通りいたし、……御前にて御酒をいただき、御手ずから御銚子を御取りにて、尽力の礼についでやろうと御意にて、御上の御酌《おしゃく》にていただき候。半平太は酒は嫌い、菓子が好きかとて御菓子一箱御前にていただき候。実に身にあまり有り難き事にて候」というように、容堂との交流が詳しく記されている。

このように、容堂はたびたび半平太と会い、酒を注いだり菓子を下賜《かし》したりしたのだ。純情な半平太は、それを単純に自分に対する信頼だと信じ、感泣にむせんだ。

しかしながら容堂は、開国論者であった。だから朝廷を奉じて攘夷をおこなうなどもってのほかだと考えており、かつ、寵臣《ちょうしん》の吉田東洋を暗殺した武市を憎悪していた。ゆえに文久《ぶんきゅう》三年（一八六三）八月十八日の政変で長州《ちょうしゅう》の尊攘派が朝廷から駆逐されると、半平太をすぐさま牢にぶち込み、長い間牢に放置したあと、平然と切腹を命じたのである。

このように容堂はかなり老獪《ろうかい》な人物だった。

倒幕派にかみつく

しかし武市に腹を切らせてまもなく、情勢が大きく変わる。薩摩《さつま》藩が長州藩と密かに手を結び、幕府を見限り、朝廷を中心とした雄藩連合政権の成立を目指すようになったのだ。これをイギリスがこっそりと支援し始めた。

幕府は長州に革新政権が生まれたことで慶応《けいおう》二年（一八六六）夏に第二次長州征討を断行、ところが薩摩の支援を受けた士気の高い長州軍に敗北を喫してしまう。ちょうど大坂城の将軍・家茂《いえもち》が死去したため、征討軍は「将軍の喪《も》に服す」として長州から兵を引いたが、幕府の敗北は明らかであった。このため、倒幕派は一気に勢いづいた。

そうしたなかで親幕府派の容堂は、後藤象二郎《ごとうしょうじろう》が献策した大政奉還《たいせいほうかん》論に飛びついていく。これはもともと土佐脱藩浪人の坂本龍馬《さかもとりょうま》が後藤に献策したもので、徳川家が政権を朝廷に返還し、朝廷を中心とした雄藩の連合政権をつくろうという案だった。連合政権のなかには、もちろん最大の大名である徳川家も含まれていた。それゆえ、同案は慶喜《よしのぶ》の受け入れるところとなった。容堂は大いに喜ぶとともに、これによって土佐藩が政治のキャスティングボートを握れると確信した。

かくして慶応三年十月十四日に大政奉還が決定された。

ところが倒幕派は、王政復古《おうせいふっこ》の大号令（新政府樹立宣言）を発し、その日の小御所会議では、容堂の反対を押し切って前将軍・慶喜の「辞官納地《じかんのうち》」を強引に決定する。旧幕臣たちを暴発させ、武力で徳川家を打倒しようという算段だった。

このとき朝議に参列した容堂は、「こんなやり方はあまりに陰険だ。天下の大乱を誘うぞ」と大反対し、皆の前で徳川擁護論をぶち、「このような暴挙を企てた数名の公卿が、幼い天皇（明治天皇）を奉じて権力を盗もうとしているのではないか！」と吐き捨てたのである。

これに対し討幕派の岩倉具視《いわくらともみ》や大久保利通《おおくぼとしみち》は、容堂と刺し違える覚悟があると密かに伝えてきたので、さすがの容堂も身の危険を感じ、黙らざるを得なくなった。だが、その後も辞官納地には反対し、倒幕派を非難する建白書を朝廷に差し出している。

新政府では総裁《そうさい》・議定《ぎじょう》・参与《さんよ》の三職が設置され、三職が政治をになうことになったが、容堂は、他の諸侯（大名）とともに議定に任じられた。

徳川家を守ろうとする試み

辞官納地の決定を聞いた前将軍・慶喜は、おとなしく二条城から出て大坂城へ引き籠《こ》もった。すると「慶喜が可哀相ではないか」という諸藩の嘆願書が続々と届き、ついに倒幕派は新政府内で孤立する。勢力を挽回した容堂は、徳川家に納地を強要するのではなく、新政府に献納させるかたちをとり、さらに徳川以外の大名家にも同様の納地をさせるという案を受け入れさせ、慶喜を納得させた。さらに慶喜を上洛参内《さんだい》させ、新政府の盟主に仰ごうと動き始めた。だが、江戸の佐幕派が三田《みた》の薩摩藩邸を焼き打ちし、これを知った大坂城の幕臣たちが激昂すると、慶喜はこれを抑えきれず、薩摩を討つという「討薩表《とうさつひょう》」をかかげさせて京都へ旧幕府軍を進撃させてしまった。

新政府は朝議を開いて尾張《おわり》・福井《ふくい》藩に旧幕府軍を待ち受けて撤退を勧告させることにし、指示に従わなければ薩長土の三藩で迎撃する決定を下した。なお、容堂が参内したとき、決定は下されたあとだった。容堂は「自分は議定という重職にあるのに、何の諮問《しもん》も受けなかった」と激怒し、議定の辞職を請い、出ていってしまう。

結局、その日のうちに旧幕府軍と薩長を中心とする新政府軍が鳥羽《とば》・伏見《ふしみ》で激突した。このとき容堂は、「これは薩長と会津《あいづ》・桑名《くわな》藩の私闘に過ぎない。私が沙汰《さた》するまでは戦ってはならぬ」と伏見方面にいる土佐藩兵に厳命した。だが、一部の土佐藩兵は、容堂の命令を無視して砲撃を始めたのである。

戦いに敗れて江戸に逃げ帰った慶喜は、家臣を通じて土佐藩留守居役の細井半之進に容堂宛ての依頼状を渡した。「私の過失で鳥羽・伏見の戦いを起こしてしまったが、朝廷に敵対するつもりはない。どうか周旋してほしい」という内容であった。

だが、これまで容堂は徳川家を擁護してきたが、今後は朝廷に従うことを誓約させられていた。また正月十七日には、新しい政府の政治組織のなかで、容堂は内国事務《ないこくじむ》総裁《そうさい》（のちに総督）という要職についた。そうしたなかで、慶喜をかばうことはできなかった。このため慶喜の依頼書は、そのまま新政府に提出された。

大物政治家としての容堂

慶応四年（一八六八）二月十五日、土佐藩に激震が走る。土佐藩は堺《さかい》の警備をになっていたが、フランス船の水兵がいきなり上陸してきた。このため警備の土佐藩兵ともめ、言葉が通じなかったこともあり、戦闘に発展、フランス側に十余名の死傷者が出たのだ。

公使のロッシュは激怒し、結局、この事件に関係した土佐藩士二十名を処刑することにした。堺の妙国寺《みょうこくじ》において、公使の面前で処刑（切腹）がおこなわれたが、あまりの悲惨さに十一人目で刑の執行は中止され、残る九名は助命となった。

事件の責任をとり、容堂は内国事務総裁を辞職した。この頃、ストレスのためか胸痛に悩まされた容堂は大坂で療養するようになった。この間の閏《うるう》四月に政体書が交付され、新たな政治組織のなかで容堂は刑法官知事に任じられようとしたが、病を理由に辞退し、翌五月には議定も辞めた。

藩内にはいまだ佐幕派の藩士も大勢いたが、もはや時勢が変わったので、容堂は同五月、藩内に告諭を発した。「伏見で暴挙を起こした慶喜は逆賊であり、王命に従って討伐の兵を出し、宸襟《しんきん》を安んじるのは当然のこと。この趣旨を体認せず、進む方向を迷い、異議を申し立てる者があれば厳罰に処す」といった厳しい内容だった。

六月、容堂は病が癒えたようで、参内して明治天皇から天盃を賜わり、従二位権《じゅにいごん》中納言《ちゅうなごん》に叙せられ、議定に復帰した。

同年、江戸を東京と改め、明治天皇は東京へ移ることになったが、容堂は先発を命じられ、十月九日に江戸の土佐藩邸（鍛冶屋橋《かじやばし》）に移った。本当は芝口の仙台藩邸を下賜されたのだが、火事で焼けてしまったのだ。同年十二月には御三卿《ごさんきょう》の田安《たやす》屋敷を改めて賜わった。箱崎《はこざき》にある一万三千坪の広大な屋敷であった。

容堂はさっそく湯殿や厠《かわや》、茶室をつくり、さらに中国風の屋敷を移築した。また十《じっ》仙堂《せんどう》と名付けた亭を新造した。この屋敷の庭園は見事だという噂が広がったこともあり、容堂は三日間、これを一般に開放し、続々と入ってくる庶民に酒や菓子をふるまうという粋な行為を見せた。

容堂は、議定にくわえ議事体裁取調方総裁《ぎじていさいとりしらべかた》を拝命、さらに学校知事や制度寮総裁を兼ねたが、またすぐに辞職するということを繰り返した。ただ、容堂の役職の下には福岡孝弟《ふくおかたかちか》や大木喬任《おおきたかとう》、森有礼《もりありのり》といった有能な実務官僚がおり、事務一切を取り仕切っていたので混乱はなかった。つまり、いずれもお飾りの役職だったわけだ。

明治二年（一八六九）五月、三等官以上の高級官僚については、その任用が情実に流れたり、冗官《じょうかん》（無駄な官職）が多いということもあり、大久保利通などの主張により、アメリカの制度を採用して入札（公選）によって決めることにした。

公選決定の翌日、該当者が一斉に集められ、初めての高級官吏公選がおこなわれたが、その直前、容堂は「大臣といった高級官吏は、天皇のお眼鏡により仰せつけられるものである。それを投票で決めるなど、もってのほか。そんな児戯《じぎ》に等しきことは御免こうむりたい」と激怒し、席を蹴って退出してしまった。

だが、選挙の結果、容堂は学校知事に再任されることになった。

酒と女をこよなく愛する

このように容堂は新政府の重職を歴任するが、この間、人目をはばからず豪遊を続けた。みずからを「鯨海酔侯《げいかいすいこう》」、「酔擁美人楼《すいようびじんろう》」と号しているように、容堂は酒をこよなく愛し、女と戯《たわむ》れるのを好んだ。

新橋《しんばし》、柳橋《やなぎばし》、両国《りょうごく》などの酒楼で毎日のように芸者とどんちゃん騒ぎをしていた。相手をするのは日向国《ひゅうがのくに》（宮崎県）高鍋《たかなべ》藩主の秋月種樹《あきづきたねたつ》であった。

土佐藩重臣の佐々木高行《ささきたかゆき》は明治二年（一八六九）三月八日の日記にその様子を記している。

この日、佐々木は、午後三時に容堂の屋敷に立ち寄ると、容堂の側近から「老公が向島《むこうじま》へ遊びに行くから供をしてほしい」と言われてしまう。佐々木は用事があるからと断るが、そこに容堂本人が現れ、「佐々木、よいところに来たな。これより船遊びをするから一緒に参れ」と言われ、仕方なくお供をすることになってしまう。

舟中では、政府の高官に対する愚痴を言った。とにかく、新政府の大久保や岩倉ら実力者たちのやり方が面白くないのだ。容堂は「時勢を知らぬ愚物が多い世の中だ」と憤慨し、両国橋近くまで来たとき「俺は秋月のところへ寄る。お前たちは浮き世の景況を見るため、吉原《よしわら》へ行ってこい」と命じた。何とも気ままな殿様であった。

明治二年正月十二日、容堂は仲の良い松平春嶽《まつだいらしゅんがく》に宛てて次の書簡をしたためた。

「殺風景之席上、殊《こと》ニ醜妓《しゅうぎ》行酒等、足下嘸《さぞ》御迷惑と奉存候、加之《これにくわえ》僕狂態ヲ極メ、尚又帰途馬車ニテ駁越堂々朝廷之大臣ヲ遇スル礼儀ヲ忘却、其罪非軽《かるからず》弾台正之可也今日之御断承知仕候」

どうやら酒の席で容堂は狂態をみせ、帰途の馬車でも春嶽に無礼な言葉を吐いたらしい。それを謝している。

明治二年五月、新政府は、役人の風紀を取り締まる弾正台《だんじょうだい》を設けた。これに容堂は激しく反発し、西郷隆盛《さいごうたかもり》に対して、「もし豊臣秀吉《とよとみひでよし》の時代に弾正台などを設けたら、第一の家臣である盗賊出身の蜂須賀小六《はちすかころく》はどうなる。秀吉公自身も処罰されるだろう。まだ新政府も創業の時期、重箱の隅をつつくようなことはやめるべきだ。もし風紀を厳しく取り締まるというなら、俺の首を刎《は》

佐々木高行（国立国会図書館蔵）
土佐藩士時代に藩政にかかわった。明治天皇の信頼が厚く、大正天皇の教育にもたずさわった

ねなくてはならなくなる」と放言した。

なお、弾正台ができてからも、容堂の豪遊はおさまらなかった。それどころかわざと、「大名といえども酒宴を開き、妓を聘《へい》し苦しからず候や」という伺書《うかがいしょ》を政府に提出し、さらに、「今夜は友人と柳橋で会い、芸妓五人と遊興する」と届け出るなどして、その後も女をはべらし酒を飲み続けた。大人げない挑発的な行為であった。

さすがにこれは目に余るということになり、弾正台のほうでも、ついに容堂の行為を糾弾《きゅうだん》することにした。明治二年七月、弾正台は、

「従前遊蕩の儀は申すに及ばず、先般御布告後更に悔悟これなき条、全く差容《さしゆる》しがたく候えども、御一新以来の功労を思召《おぼしめ》され、今度の儀は御取糺《ただ》しあらせられざる御趣意を以て相応の御文言仰せつけらるべく候事」（平尾道雄著『人物叢書　新装版　山内容堂』）

と、政府に対して糾弾伺書を提出したのである。

すると容堂は、病気を理由に学校知事の職を辞してしまった。政府の顕官《けんかん》であることがアホらしくなったのだ。これにより、容堂は麝香間祗候《じゃこうのましこう》を命ぜられる。だが、翌月より、隅田川《すみだがわ》近くの浅草《あさくさ》の橋場《はしば》に隠棲してしまう。こうして以後、一切の官職から遠ざかり、悠々自適の生活を始めた。橋場邸には秋月のほか、旧家臣の佐々木高行

や長州藩の木戸孝允《きどたかよし》などもときおり遊びに訪れている。また、容堂は旧家臣の土方久元《ひじかたひさもと》のところなどへ出向くことはあっても、政治にかかわることはなくなった。

英雄豪傑の最期

明治四年（一八七一）五月、容堂は箱根《はこね》へ二ヵ月以上逗留している。ちょうどこの時期、薩長土三藩合わせて約七千の兵が東京に集結し、大久保と木戸らはこの軍事力（御親兵）を背景として、廃藩置県を断行しているところだった。そうした混乱と煩《わずら》わしさを嫌って、容堂は箱根に待避しようとしたらしい。

なお、この頃すでに酒のために身体を害しており、明治五年正月、にわかに中風《ちゅうぶ》（脳血管障害）の発作を起こした。結果、左半身が不随となり、言語も不明瞭になってしまう。ただ、ドイツ人医師ホフマンのエレキテル（電気）療法の甲斐《かい》もあってみるみる回復した。

三月には友人たちが両国の中村楼で容堂のために病気回復の祝宴を開いたが、同年中の六月二十一日、またも発作が再発し、そのまま昏倒して息を引き取った。まだ四十六歳。まことにあっけない最期だった。

死後、土佐藩士であった板垣退助《いたがきたいすけ》は、次のように容堂を評している。板垣は倒幕派

板垣退助（国立国会図書館蔵）
元土佐藩士。征韓論争で敗れて下野するも、のちに政界に復帰する

ゆえ、容堂に敬遠されていたが、そんな板垣でさえ、

「容堂は小節には拘《こだ》はらない英雄豪傑の質であつて、どうも閨房《けいぼう》が治まらないとか何とか云ふやうなことを、人が言ひまするが、さうでない、洵《まこと》に其辺の慎みのあつた人でありまして、マア一般に子孫を大事にするより、妾を置くと云ふことは、日本の風でありましたが、妾と名が付かぬ者には手を懸けたなどといふことは、決して無い人で、洵にそれも厳重な人でありました、唯御一新になつてから不平から、酒を飲みまして、遂に芸者などを妾にして居つたこともありますから、他から見た人は、どうも閨房の治まらない人であつたかの如く言ひまするが、その実決してさうではありませぬ」（「維新前後経歴談」『維新史料編纂　講演速記録』所収）

いずれにせよ新政府ができてからの五年間、容堂は鬱屈《うっくつ》した思いで世を過ごしていた。徳川家を己の力で救済することができず、薩長の脅《おど》しに屈して時勢に流されてし

まった。しかも、そんな薩長のつくった新政府の重職にいる自分に、腹を立てつつも抜け出すことができず、その火照った不満を冷やすため、酒を水のごとくあおり女を抱き、みずから己の寿命を縮めたのであった。

徳川慶勝

実の弟容保と刃を交え、旧家臣たちに心を砕く

文政七年（一八二四）～明治十六年（一八八三）

とくがわ よしかつ

美濃国高須藩主・松平義建の次男として生まれる。兄弟にのちに会津藩主となる容保や、桑名藩主となる定敬などがいる。嘉永2年(1849)、尾張国の慶藏の死去後、尾張藩主となる。

だが、井伊直弼が日米修好通商条約に調印したことに抗議したために隠居し蟄居を命じられる。この頃写真に興味をもち、貴重な作品を残した。井伊直弼の死後、ふたたび政治にかかわるようになり、戊辰戦争では弟たちと敵味方に分かれて戦った。

尾《お》張《わり》藩

徳川家康の九男・義直が初代。御三家の筆頭だが、初代から将軍家とはあまりうまくいかず、七代藩主・徳川宗春にいたっては、当時将軍であった吉宗の政策に真っ向から反発し蟄居させられている。

徳川慶勝（茨城県立歴史館蔵）

分家高須藩から擁立された尾張藩主

十一代将軍・家斉《いえなり》は、尾張《おわり》九代藩主・徳川宗睦《とくがわむねちか》の養子に、我が子・斉朝《なりとも》を入れて十代藩主とした。さらに以後も十三代まで、将軍家の血縁者が押しつけられるような形で藩主となっていた。将軍家に血筋を乗っ取られてしまったわけだ。

こうしたやり方を不満に思った中・下級藩士たちが金鉄組（党）を組織し、十三代の次の藩主は将軍家ではなく美濃国高須《みののくにたかす》藩松平《まつだいら》家から擁立すべく、幕府に対して猛烈な請願運動を展開した。高須は三万石の小藩であるが、二代尾張藩主・光友《みつとも》の子・松平義行《よしゆき》を祖とする尾張家の支藩であった。

金鉄組の活動の結果、ついに十四代藩主は、高須から迎えることができた。それが徳川慶勝《よしかつ》である。

慶勝は、文政《ぶんせい》七年（一八二四）に高須十代藩主・松平義建《よしたつ》の次男として生まれた。十一歳下の弟は、のちに会津《あいづ》藩主となる松平容保《かたもり》である。さらに慶勝の二十三歳年下の弟である松平定敬《さだあき》は桑名《くわな》藩主となる。のちに京都所司代《きょうとしょしだい》につき、兄の容保をよく補佐したが、容保とともに戊辰戦争で朝敵となった。

嘉永《かえい》二年（一八四九）六月、慶勝は、尾張十四代藩主に就任した。以後慶勝は、金鉄組を登用して傾いた財政の再建を進めていった。これまで藩主は二万両近い金額を自由に使うことができたが、慶勝はこれをわずか二百両に減じた。そのうえで家臣の禄も思い切って削減した。こうして支出を抑えると、財政を圧迫していた借財を驚くべき手段で処理する。御用商人たちに貸し金の放棄を迫ったのだ。その結果、わずか七年で尾張藩の膨大な負債は解消されたのである。

長州戦争と慶勝の本意

ペリー来航後、慶勝は、尊攘《そんじょう》派の水戸藩主・徳川斉昭《なりあき》と行動をともにする。慶勝の母が斉昭の姉で、叔父にあたったからだ。十三代将軍・家定《いえさだ》に後嗣《こうし》が得られないとわかると、斉昭は我が子で一橋《ひとつばし》家（御三卿《ごさんきょう》の一つ）を継いだ慶喜《よしのぶ》を将軍にしようと活動を始めた。このとき慶勝も斉昭を助けたが、井伊《いい》直弼《なおすけ》が大老に就任すると、家定の後継者を紀州《きしゅう》藩主・慶福《よしとみ》（のちの家茂）に決定し、なおかつ無勅許《ちょっきょ》でアメリカと通商条約を締結した。

激怒した慶勝は、斉昭とともに江戸城にいる直弼のもとに押しかけたが、これを咎《とが》められて隠居に追い込まれ、蟄居《ちっきょ》処分となってしまう。新藩主には弟の茂徳《もちなが》が選ばれ、藩政は保守派（ふいご党）の牛耳るところとなった。三十五歳のときのことだ。

だが、安政《あんせい》七年（一八六〇）三月に直弼が桜田《さくらだ》門外《もんがい》で暗殺されると、情勢が大きく変化する。まもなく慶勝は謹慎をとかれ、二年後には完全に自由の身となった。勤王《きんのう》家であった慶勝は、文久《ぶんきゅう》三年（一八六三）に上洛して孝明《こうめい》天皇に拝謁《はいえつ》、その信頼を得た。この頃、尾張藩では弟の茂徳が隠居し、慶勝の三男・義宣《よしのり》が藩主となっていた。義宣はわずか六歳であり、実質的に慶勝がその後見役として藩の実権を握った。

文久三年八月十八日、尊攘をとなえて朝廷を牛耳っていた長州《ちょうしゅう》藩が、会津藩と薩《さつ》摩《ま》藩らのクーデターによって京都から駆逐《くちく》された（八・一八の政変）。これに激怒した長州藩は翌元治《げんじ》元年、大挙して京都に押しかけてきた。世にいう禁門《きんもん》の変である。

会津藩主の松平容保は、京都所司代の桑名藩主・松平定敬とともにこれを撃退し、一橋慶喜とともに朝廷の実権を握り、京都に一会桑《いちかいそう》政権を樹立した。

同政権は、長州藩を征討しようと総勢十五万にのぼる大軍を編制した。このときその総督を打診されたのが、慶勝であった。だが、もともと慶勝は尊攘派であり、長州藩の心情はよくわかり、いくら弟たちの頼みだからといって、二つ返事で引き受けることはできなかった。だが、最終的に、慶勝に長州藩の処分を委任するというので、大軍を引き連れて征討へ向かった。参謀は薩摩藩の西郷隆盛《さいごうたかもり》であった。慶勝は長州藩とは戦いたくはなく、その意を受けた西郷は、先行して長州藩に恭順《きょうじゅん》するよう説得した。

結果、長州藩は恭順の意を示したので、慶勝は戦わずして引き返した。だが、この寛大な処置は佐幕《さばく》派から非難され、容保や定敬との関係も悪化した。

慶応《けいおう》二年（一八六六）、長州藩が反幕的立場をとるようになると、幕府はふたたび征討軍を差し向けた。このとき慶勝は反対し、参戦を拒否した。戦いは征討軍の敗北に終わり、にわかに倒幕運動が熾烈《しれつ》になった。十五代将軍・慶喜は、翌年十月、大政奉還《たいせいほう》を断行した。しかし倒幕派は朝廷に王政復古《おうせいふっこ》の大号令を出させ、その夜の小御所会議《こごしょかいぎ》において倒幕派が強引に慶喜の「辞官納地《じかんのうち》」を決定した。

倒幕の決意と弟たちの助命活動

慶応四年（一八六八）正月の鳥羽《とば》・伏見《ふしみ》の戦いで旧幕府軍が敗北を喫した四日後、京都にいた慶勝のもとに岩倉具視《いわくらともみ》の使者が訪れた。使者は慶勝に対し、「旧幕府方につくか、新政府軍につくか、去就を明らかにせよ」と迫ったのである。このようなことを迫ったのは、国元尾張でふいご党（佐幕派）が藩主・義宣を奉じて旧幕府方に参加しようとしている情報を得たからだという。

慶勝はすぐさま京都から国元名古屋へ入り、正月二十日、ふいご党の渡辺在綱《ありつな》、榊原勘解由《かげゆ》正帰、石川照英ら前藩主・茂徳の側近三名に対し、斬罪を宣告した。続いて十一名もの藩士に死罪を申し渡し、次々と佐幕派の連中を蟄居・謹慎処分等にしていった。これを*青松葉《あおまつば》事件と呼ぶが、この処断により、完全に尾張藩は勤王に統一されたのだった。

さらに慶勝は新政府の疑いを解くため、新政府軍の東征（江戸攻撃出立）に先立って、東海道《とうかいどう》・中山道《なかせんどう》の諸藩・旗本領に四十名近くの家臣を派遣し、新政府に味方するよう説得工作を進め、了承した藩に「勤王証書」と称する誓詞《せいし》を提出させた。三河国《みかわのくに》は譜代《ふだい》や旗本領が集中しており、かなりの困難が予測されたが、慶勝は巧みに誘降《ゆうこう》し、たちまちにして諸藩を新政府の味方につけた。

こうしてたった半月ほどで、東海道・中山道沿いのすべての大名と旗本は、新政府方に下ったのである。新政府軍が苦もなく江戸まで到達できた背景には、このような慶勝の働きがあったのだ。かくして四月、江戸城は無血で開城された。次のターゲットは、志士を虐《しいた》げた会津藩だった。慶勝の弟の容保は、朝敵になってしまったのだ。そんな容保に桑名藩主だった弟の定敬が加担して会津へ入った。

結局、同年秋に会津藩は降伏し、箱館《はこだて》まで渡って交戦した定敬も翌年、新政府に下った。慶勝は新政府方として行動してきたため、公然と弟たちの助命嘆願はできなかったが、弟で前藩主の茂徳を支援して彼らの助命に努力した。そんなこともあり、二人とも死罪はまぬがれ、尾張藩が定敬の身柄を預かることになった。

＊事件の中心的な人物であった渡辺在綱が青松葉と呼ばれていたことからこう呼ばれる。

息子に代わって知藩事に就任

明治二年（一八六九）、版籍奉還《はんせきほうかん》が命じられ、形式上、大名は領地と人民を朝廷に返還することになった。ただ、大名は知藩事《ちはんじ》としてそのまま藩政をとった。慶勝の子で藩主の義宣も知藩事となったが、翌年その地位を降り、代わって父の慶勝が知藩事に就任した。

これは極めて異例なことで、他藩には見られない。やはり幼い当主では、激動する時代を乗り越えられないと判断したのだろう。だが、それからわずか七ヵ月後、廃藩置県が断行された。これにより尾張藩は地上から消滅して名古屋県が生まれ、さらに周辺を統合して愛知県となり、県庁所在地は名古屋と決まった。愛知県令には、宇和島《うわじま》藩士だった井関盛艮《いせきもりとめ》が就任した。尾張とは縁もゆかりもない人物で、新政府の役人として旧尾張領を統治することになったのだ。

知藩事は東京に集められ、同地で生活することを余儀なくされた。慶勝も新政府から浅草瓦町《あさくさかわらまち》の邸宅を与えられたが、明治五年四月に本所相吉町《ほんじょあいよしちょう》へ移り、明治十二年に今度は本所横網町《よこあみちょう》へ移った。この間の明治八年に息子の義宣が死去したため、慶勝はふたたび家督を相続して十七代当主になった。

慶勝は禄を失って困窮する旧藩士を憂《うれ》い、資金を援助して帰農を奨励したり、名古屋に織物工場や養蚕《ようさん》場を設置して名古屋士族（旧藩士）の子女を就業させるなど、その救済に力を尽くした。

旧尾張藩士による北海道開拓

なかでも特筆されるのが、北海道開拓事業だ。

明治十年（一八七七）七月、慶勝は旧臣の吉田知行、角田弘業、片桐助作の三名を北海道へ送り、旧臣たちが暮らしていける地域を調査させた。彼らは、「胆振国《いぶりのくに》山越郡山越内村遊楽部《ゆうらっぷ》百五十万坪の土地は、開拓すれば快適に暮らしていける」と復命した。

そこで慶勝は、新政府の開拓長官黒田清隆《くろだきよたか》に同地の無償払い下げを申請。政府がこれを許可したため、翌十一年、旧藩士の移住が開始された。こうして明治十四年までに約二百六十名が入植、開拓が進められた。同年、遊楽部は山越内村から分離し、八《や》雲《くも》村となった。この名は、名古屋の熱田神宮《あつたじんぐう》と関係がある。同社の祭神素戔嗚尊《すさのおのみこと》が

「八雲立つ　出雲八重垣　妻ごみに　八重垣作る　その八重垣を」という歌を詠んだとされ、これにちなんだのだ。なお、遊楽部を八雲村と命名したのは、慶勝だった。

貴重な写真を残した最後のお殿様

慶勝の趣味は、写真術だった。西洋から流入してまもない頃で、大名のなかには徳川昭武《あきたけ》など、これを趣味にしている人々も少なくなかった。慶勝は、安政《あんせい》の大獄《たいごく》で蟄居しているときに興味を覚えたようで、以後、生涯の趣味となった。

その懲《こ》りようは半端ではなく、最適な現像液や感光液などをつくるため、みずから実験を繰り返し、調合法をノートに記したり、レンズの寸法なども型紙にとって保存した。腕前もすばらしく、同じ場所からのパノラマ写真は見事なものだ。幕末から維新にかけての名古屋城の写真、とくに藩主の居住空間や藩主しか入ることができぬ「奥」（藩主の妻や女性たちが生活する場）の写真は貴重であり、慶勝だからこそ写せたといえる。明治四年（一八七一）に写した名古屋城の金のしゃちほこのアップ写真も存在する。面白いのは、総督として長州征討へ向かったとき、慶勝は写真道具一式を持参したことだ。そして滞在先の広島城の写真をたくさんおさめている。

明治になってから移住した本所では、江戸の町並みを写している。入歯屋の看板や

高須四兄弟（茨城県立歴史館蔵）
写真右より、尾張藩主・徳川慶勝、一橋茂栄、会津藩主・松平容保、桑名藩主・松平定敬

団子屋の屋台、材木店、火の見櫓《やぐら》、町を行く人々や人力車夫などが写っている。

明治十一年九月三日、慶勝は御《ご》用達《ようたし》の写真師・二見《ふたみ》朝隈《あさくま》が経営する銀座の写真館に入った。記念撮影をするためだ。このとき連れていたのは、弟たちだった。そう、一橋茂栄《もちはる》（徳川茂徳《もちなが》）、松平容保、松平定敬であった。慶勝が誘って兄弟で記念撮影をしたのである。すでに容保も定敬も政府に宥免《ゆうめん》され、数年前に自由の身になっていた。

この写真は現存する。勤王派と佐幕派に別れた兄弟だったが、ここにふたたび一つに結ばれたわけだ。この写真を撮影した五年後の明治十六年（一八八三）八月、慶勝は静かに息を引き取った。享年六十であった。

慶勝が開墾させた八雲村は、現在は八雲町となっているが町中に立派な八雲神社が建つ。熱田神宮の神符と尾張藩主・歴代の霊が祀られている。慶勝が歿した翌明治十七年、立派な社殿が完成し、明治十九年に八雲神社となった。

さらに翌年、熱田神宮から分霊を仰いだ。意外なことに、熱田神宮の分社は日本で唯一だという。

昭和九年（一九三四）、八雲神社に、新たな神様が合祀された。それは、徳川慶勝であった。八雲村の人々が慶勝の行為に感謝し、神としてあがめ奉ることに決めたのだ。さすがに慶勝も、まさか死後、自分が神になるとは思ってもみなかったろう。

徳川家達

幼くして徳川宗家を継いだ十六代目当主

文久三年（一八六三）～昭和十五年（一九四〇）

とくがわ いえさと

御三卿・田安家の徳川慶頼の子として生まれ、将軍職を退いた徳川慶喜の跡を継いで、徳川宗家の当主となる。その後、静岡藩主として江戸から静岡に移住するが、廃藩置県後は東京に戻る。明治になってからイギリスに留学。その経験を生かし、ワシントン軍縮会議に参加。また、貴族院議長を明治36年（1903）から昭和8年（1933）まで務めた。

静岡藩《しずおか》

徳川家康が江戸で幕府を開き、以後、慶喜まで15人の将軍が出る。新政府に逆らったことで徳川家は減封となり、静岡へ移る。静岡藩の初代藩主として徳川家達が就任した。

徳川家達（茨城県立歴史館蔵）

六歳にして十六代徳川宗家当主になる

鳥羽《とば》・伏見《ふしみ》の戦いに敗れた前将軍・慶喜《よしのぶ》は、大坂城から江戸へ逃げ戻った。慶喜を朝敵と認定した新政府は、征討軍を東下させ江戸を包囲した。しかし新政府方の西郷《さいごう》隆盛《たかもり》は、徳川方の勝海舟《かつかいしゅう》との会談により、江戸城を無血開城することを条件に、江戸の総攻撃の中止と慶喜の助命を容認した。

慶応《けいおう》四年（一八六八）閏《うるう》四月、徳川家は、新政府の大総督府《だいそうとくふ》に「一日も早く徳川家の処遇を決定してほしい」という嘆願書を提出した。これを受けて大総督府は、田安《たやす》亀之助《かめのすけ》に家督を相続することを許した。なお、支配地については、後日、沙汰《さた》するとした。

亀之助は、徳川御三卿《ごさんきょう》の一つ、田安家の当主である。

御三卿とは、八代将軍・吉宗の子と孫が興した田安、一橋《ひとつばし》、清水《しみず》の三家をいい、御三家同様、将軍・宗家が絶えたとき、それを継ぐ家柄とされた。亀之助の父・慶頼《よしより》は、訳あってすでに隠居しており、亀之助の兄・寿千代《ひさちよ》が田安家を継いだものの、四歳のとき夭折《ようせつ》したので、元治《げんじ》二年（一八六五）に亀之助が田安家の家督を相続していた。

幕末に活躍した福井藩主・松平《まつだいら》春嶽《しゅんがく》は、慶頼の実兄なので、亀之助にとっては伯父にあたる。ともあれ、亀之助は徳川宗家の十六代目となったが、このとき彼はまだ、数えで六歳であった。満年齢でいえば、わずか四歳の幼児に過ぎない。

翌五月、大総督府は、徳川亀之助を駿府《すんぷ》城主とし、石高として駿河国《するがのくに》を中心とする七十万石を与えると申し渡した。それまでの十分の一に石高が縮小されたのである。

こうして静岡藩が成立した。

静岡に入る

亀之助は名を家達《いえさと》と改め、八月に江戸をあとにし、国元静岡へ向けて旅立った。従う家中は、わずか百人程度だったという。歴代将軍が十万、二十万人を率いて京都や日光を往復した盛時に比較すると、まことにわびしい限りである。

ただ、家達自身は、江戸城からほとんど外へ出たことがなかったので、道中、たびたび駕籠《かご》から顔を出しては、お付きの者たちに「あれは何？　これは何？」と興味津々で質問攻めにしたという。

八月十五日、家達は、駿府城へ入った。徳川の旗本・御家人たちも九月になると、続々と、駿府をはじめとする静岡藩領に移住してきた。

ただ、旗本・御家人だけでその人数は三万二千人近くにのぼり、その家族や使用人、奉公人などを合わせると、その数はさらに膨大なものになった。

そこで徳川家では、「旗本・御家人領はそのまま安堵《あんど》（保証）していただき、彼らを新政府で召し抱えてほしい」と歎願《たんがん》した。

だが、それはいかにも虫のよすぎる話であり、その期待は、すぐに裏切られた。

新政府は、旗本・御家人の領地や俸禄《ほうろく》を安堵せず、十月いっぱいで江戸の拝領屋敷も引き渡せと命じてきたのだ。

徳川家では、五千数百人を給金方式で雇用したものの、それ以上、扶持《ふち》を与えるのは不可能なので、「希望する者に無禄で駿河への移住を認める」という手立てをとるしかなかった。が、そんな条件であっても、多くの家臣が主を慕って静岡へやってきて、そのまま土着して土地の開拓を始めたのだった。

明治元年（一八六八）十一月、家達はいったん江戸へ戻った。

このおり徳川家は、「反乱を起こして蝦夷地《えぞち》を支配している榎本武揚《えのもとたけあき》率いる旧幕府の脱走軍を征伐せよ」と新政府から命じられた。

国替えの最中で、なおかつ、家臣団が崩壊しているなか、幼君を奉じての蝦夷地遠征など到底不可能。まさに、新政府による徳川への「いじめ」であった。

このため徳川家では、その免除を必死に歎願、家達の父・田安慶頼や御三卿の一橋茂栄《もちはる》も「家達の代わりに自分が出陣する」とまで申し入れた。ここにおいて新政府も、ついにこの沙汰を取り消したのである。

お子様知藩事

明治二年の版籍奉還《はんせきほうかん》で知藩事《ちはんじ》となった家達は、二日おきに駿府城の用談所で政務をとった。といっても幼いので、書類に印を押すのがもっぱらの仕事であった。ただ、翌明治三年には領内を巡視している。

また、藩主としてふさわしい教養を身につけるため、開校した藩校「静岡学問所」において、月に数回、学問を学ぶようになった。漢学は向山黄村《むこうやまこうそん》と河田熙《かわだひろむ》、英語は外山正一《とやままさかず》と乙骨太郎乙《おつこつたろうおつ》、書道は木村二梅、和学は中坊陽之助《なかのぼうようのすけ》らが担当した。さらに乗馬は伊藤隼、剣術は浅利義明《あさりよしあき》、中條景昭《ちゅうじょうかげあき》、大草高重《おおくさたかしげ》が指導した。

ビスケットは西洋の毒

家達の暮らしはかなり質素なものだったようだ。食事なども、それまでは十二人分をつくって毒味をする贅沢《ぜいたく》なシステムをとっていたが、これはすぐに廃止された。

メインディッシュは魚料理が中心で、鳥などはあまり食卓にのぼらなかったが、やがて文明開化の影響もあって、健康に配慮して吸い物に牛肉の団子を入れて出すようになった。すると家達はこれを好み、ときには「うまいから、お前も食べろ」と言って、箸でつまんで女中たちの口に放り込んだという。初井という女中は、仕方なく与えられた肉団子を丸呑みして「けっこうなお味でございます」と答えて周囲の笑いを誘った。菓子は、「うす桜」と呼ぶ軽い干菓子が与えられた。また、それまで他所で製造された食品は、食卓に出さない決まりになっていたが、衛生上無害なものについては「可」とした。

食べ物については、こんなエピソードも残っている。

家達が静岡病院を訪れたさい、院長の林研海《はやしけんかい》から西洋の「ビスケット」が与えられ、喜んでこれを食した。その様を見て仰天した女中は、すぐさま毒消しの護符を家達に渡したという。彼女にとって「ビスケット」なるものは、西洋渡来の恐ろしい毒に見えたのかも知れない。

だが、家達の供をしていた酒井忠恕《さかいただひろ》はこれを見とがめ、「私がお供をして主君に毒を与えたと言われては武士の面目が立たない」と激怒、その女中をいましめたという。これによって、お付きの女中たちは以後、食べ物に干渉しなくなった。

だがあるとき、家来の田村弘蔵《たむらこうぞう》が猪の子を生け捕りにして献上してきたので、御台所《みだいどころ》役人がこれを煮て家達に差し上げた。女中の筒井は、御台所役人の色川勇次郎に向かって「上様は亥年生まれゆえ、猪を殺すことさえはばかられるのに、煮て食べさせるとは何事ぞ！」と詰め寄った。これを知った徳川家では、筒井を免職にしたと伝えられる。

子供の頃の家達は、おとなしい少年で、泣き言一ついわなかった。ちなみに、彼は足袋が大嫌いで、いつも素足で運動場に出てきたので、それを知らない領民は、貧しくて足袋がないのだと勘違いし、「お可哀相に」と同情したという。

天璋院篤姫の薫陶

明治四年（一八七一）、藩が廃絶されて県となり、中央からは政府の役人として県令が派遣された。旧地から引き離すため、知藩事は東京居住を強制されることになり、家達も同年、静岡を離れて東京へとのぼった。供の者はわずかに八名であったという。

藩自体が消滅してしまったため、家中は解散となり、徳川家でも家達の側近や女中たちの多くを罷免《ひめん》せざるを得なくなった。

しばらくは各地を点々としていた家達だが、明治五年に赤坂《あかさか》に落ち着いた。敷地内の別棟には、十三代将軍・家定の正室・天璋院篤姫《てんしょういんあつひめ》がいた。篤姫は、熱心に家達の教育にあたったといわれている。一方の家達も、留学先から彼女にプレゼントを贈るなど、母親のように慕っていた。

家達が徳川慶喜を嫌っていたのも、ひょっとすると篤姫の影響かもしれない。篤姫は新政府軍が江戸を取り巻いたとき、必死に徳川家の存続を朝廷に歎願したが、このような状況を招いた慶喜については、「別にどうなってもかまわない」と嘆願書のなかでも突き放している。そんな篤姫に薫陶《くんとう》を受けた家達も、彼女から慶喜のだらしなさは何度も聞かされていたことだろう。口に出さないまでも、慶喜に対しては良い感情を抱いておらず、ときおり「慶喜は徳川を潰した人、私は建てた人」と語っていたと伝えられる。また、十五代将軍・慶喜に続く「十六代様」と呼ばれることを殊のほか嫌い、「徳川家は十五代で終わっているのだ。私は明治天皇のお慈悲をいただき、新たに家を立てたのだ」と主張した。

五年後の明治十年、家達は赤坂から千駄ヶ谷《せんだがや》に屋敷を移した。以後、死ぬまで家達は、この場所に住み続けることになる。

自由を満喫したロンドン生活

同年、家達はイギリスに留学することになった。家達の師でもある河田熙、さらに竹村謹吾《たけむらきんご》や大久保業《おおくぼなり》などが同行した。

エジンバラに着いた家達は、しばらく個人教授を受けたあと、イートン校に入り、さらにロンドンのシドナム・カレッジで学んだ。イギリスでの生活は快適だったようで、明治十三年（一八八〇）七月が留学期限だったが、延長届けを出している。勉学に励んで英語だけでなくフランス語にも堪能になった。どうやら恋もしたようだ。

「エルド夫人のめいが数日前我々と一緒にここに居たのだが、彼女はSrucho氏の新夫人よりもずっと可愛いと思う。あなたが彼女を好きだろうと思う。私も彼女が好きだ。この手紙については何も口外しないと約束する。読み終えたら火中するように」（明治十二年五月四日付・川村清雄宛家達書簡　高階秀爾・三輪英夫編『川村清雄研究』所収）その後、エルドのめいとの話は出てこないから、きっと淡いあこがれに終わったのだろう。

家達は後年、次のように留学時代を回想している。

「私は日本の内争に巻き込まれるのがいやで、成るべく静かなロンドンで日を送っていたいと思うた。それだから五年といえば長いようだが、日本に帰りたいと決して思わなかった。私はリゼント街やボンド街で店をのぞいて歩く気楽な生活が楽しかった。ピカデリー・サーカス辺やハイドパークの黄昏の散歩に、夜の女の艶めかしいウィンクもうれしいもので、江戸や静岡では味わえない体験だった」（後藤武男「十六代さま夜踊る」徳川恒孝監修『家康・吉宗・家達～転換期の徳川家～』所収）

このような楽しい五年の日々はたちまちに過ぎ、明治十五年十月に家達は久しぶりに日本の地を踏んだ。すでに十九歳になっていた。帰国の翌月、早々に五摂家《ごせっけ》の筆頭である近衛篤麿《このえあつまろ》の妹・泰子《ひろこ》と結婚している。そして二年後、華族令が制定され、家達は華族としては最高の「公爵《こうしゃく》」に叙《じょ》された。

徳川宗家として新時代を生きる

明治二十年（一八八七）、家達が二十五歳のとき、千駄ヶ谷の屋敷に天皇が行幸《ぎょうこう》した。徳川家に天皇が来臨するのは、じつに二百六十一年ぶりのことであった。このときには徳川一門だけでなく、勝海舟《かつかいしゅう》や山岡鉄舟《やまおかてっしゅう》などの旧幕臣、さらには、伊藤博文《いとうひろぶみ》ら政府の高官もやってきた。まさに、徳川家と天皇家の和解にふさわしい大イベントとなった。

徳川家では天皇の接待に気を配り、自慢の流鏑馬《やぶさめ》を御覧に入れた。なお、このとき天皇は、三歳の家達の長男・家正《いえまさ》と長女・松子《まつこ》に、リアルな毛植の虎と猫の置物をプレゼントしている。その本物は、徳川記念財団に保管されている。このときの晩餐会の献立も江戸東京博物館に所蔵されている。

牛肉羹《あつもの》、魚の洋酒蒸し、牛肉の揚げ物、羊肉のあぶり蒸しなど、贅《ぜい》を尽くした食事であったことがわかる。

それから二年後、大日本帝国憲法が発布され、翌年、議会が開設した。法律も整備され、産業革命が始まり出した。そうしたなか、壮年になった家達は、政府高官から政治の世界へ誘われるようになる。

明治二十一年には東京市長を勧められ、明治二十九年には、松方正義《まつかたまさよし》総理大臣から文部大臣を打診されたのである。だが、家達はいずれも固辞している。どうやら東京市長のときは、徳川家のご意見番である勝海舟がこれを断らせたらしい。

これについて海舟は、「この間の〔東京〕市長の時も、己《おれ》が不承知だと言ったのサ。『ナニ身首所を異にするという場合には、己《おれ》が奨《すす》めてでも出して、市民を安堵《あんど》させる。ナニ、こンな太平時代に、馬鹿馬鹿しい。そンな事はしないで、人にお任せなさい。その代り、乱の時には生命を投出しなさい』と言ったら、

勝海舟（福井市立郷土歴史博物館蔵）
幕臣として、徳川家存続のために奔走する。幼くして徳川家を継いだ家達の後見人のような役目を果たした

「ハイハイ」と言ってたが、大変なことを言う老爺《おやじ》だと思ったろうよ。だが、それ位な事は出来るよ。大体の事は分るよ。無邪気だから。まだまだモウ一変しなければ大臣になどならぬがイーよ」（巌本善治編　勝部真長校注『海舟座談』）

海舟は、命を投げ出すような乱世に政治家として登場すべきで、まだ時期尚早だと諭《さと》したらしい。家達はその諫言《かんげん》に素直に従ったわけだ。

だが、そんな家達も勝の死後、明治三十六年（一九〇三）に貴族院議長に就任する。

貴族院議長の最長不倒記録

貴族院は、いまの参議院と大きく異なり、予算の先議権以外は、まったく衆議院と対等な権限をもっていた。公爵は、自動的に貴族院議員となるのだが、ただ、それなりの人物でなければ議長職は任せられない。

徳川宗家という立場にあり、なおかつ、長い間洋行してきて西欧の政体に精通しているということが、彼をこの地位に押し上げたのではなかろうか。

しかも家達はなんと、三十一年間もの間、この貴族院議長の職にあり続けた。明治、大正、昭和の三時代、その地位にいたわけで、これはもちろん、最長不倒記録である。議長としての家達は、好きな派閥や党派に肩入れや贔屓《ひいき》をせず、とにかく公正で厳正に議事を進行させていった。

幻の徳川内閣

そうした家達に対し、いよいよその政治的手腕が期待されるようになり、大正三年(一九一四)、にわかに徳川家達に対し、「内閣を組織するように」との大命降下がなされたのである。かつて朝敵となった徳川家が、新政府のトップの地位に立つというのだから、数少ない幕臣の生き残りたちは、おそらく感無量だったことだろう。

だが家達は一族らと相談のうえ、「私は総理の器ではない」として正式に辞退した。ちょうど時は第一次護憲運動のあとで、国民は政党政治を強く求めていた。

護憲運動では、桂太郎《かつらたろう》閥族内閣はわずか六十日で倒れ、代わって政権を担当した山《やま》本権兵衛《もとごんべえ》内閣も、海軍の汚職事件(シーメンス事件)のために、国民の批判をあびて総辞職に追い込まれていた。ここに及んで、松方正義、山県有朋《やまがたありとも》らの元老《げんろう》は、藩閥ではない人物で、なおかつ、政党寄りではない威厳ある人を欲した。つまり、貴族院議長として力をふるってきた名門の家達はその条件にぴたりと一致し、結果、白羽の矢を立てたのである。いずれにせよ、徳川内閣は幻に終わったのだった。

ワシントン軍縮会議に出席

大正十年（一九二一）、家達は国際的な大舞台に立つことになった。

同年、アジア・太平洋地域の平和協調体制を構築するため、アメリカの呼びかけによってワシントン会議が開かれた。その中心的な議題は、海軍の軍縮問題であった。日本からは、海軍の重鎮・加藤友三郎《かとうともさぶろう》、駐米大使の幣原喜重郎《しではらきじゅうろう》、そして家達が全権としてワシントンに赴《おもむ》いた。

家達を推したのは、彼と親しかった原敬《はらたかし》首相であったらしい。欧米に長期間いた彼の外国人との人脈や社交力に期待したのである。

実際、家達はその期待によく応え、連日のように開かれる晩餐会や社交界に積極的に参加し、巧みに外交をこなしていった。これにより、各国の参加者たちが日本に敬意を払うようになり、会議はスムーズに進行したとされる。

こうしてワシントン会議では、四ヵ国条約、九ヵ国条約、海軍軍縮条約が結ばれた。軍縮条約では、主力艦の保有制限が取り決められ、日本は対英米六割で妥協した。

贔屓をもたない相撲ファン

大正十一年、イギリスの皇太子が来日する。このとき家達は、皇太子を千駄ヶ谷の自宅に招いて歓待している。六十歳の家達と皇太子が並んだ写真が徳川記念財団に所蔵されているが、なんと家達は、自宅の庭に土俵をつくり、両国国技館から四本柱を運ばせ、横綱の大錦《おおにしき》や栃木山《とちぎやま》ら十数名の力士を招いて、皇太子に相撲を披露した。

じつは、小さい頃から家達は、大の相撲ファンだった。

ロンドン留学時代には、弟に相撲の番付表を送ってもらうほどであった。両国でおこなわれる春場所と夏場所には、必ず姿を見せたという。

面白いのは、決して贔屓の力士をもたなかったことである。江戸時代の大名は、力士を抱えている者が多かったが、上覧相撲をおこなった十一代将軍・家斉《いえなり》は天皇同様、お抱え力士も贔屓の力士もいなかった。

家達が贔屓の力士をもたなかったのは、ひょっとすると、自分は将軍であった徳川宗家なのだというプライドがあったからなのかもしれない。

家達は、「相撲道」という文章を書き残している。これまで印象に残った戦いを記すとともに、文末に彼の考えた大相撲の改革案を提示している。

面白いので、意訳して紹介しよう。

「大相撲の日数を十日にする。立ち合いの時間制限を廃止する。勝負取り疲れのさいは、引き分けにすること。ただし、八百長的な引き分けを待つ態度は排斥する。行事は各部屋から独立される。幕内力士の数をなるべく減らすこと。横綱に欠員ができてもなるべく補充しないこと」(「相撲道」時事新報社政治部編『名士趣味談』所収)

家達は、社会福祉事業にも熱心であった。貧しい者を病気から救う東京慈恵会、同じ目的で設立された恩賜財団済生会の役員や顧問をしたり、旧領静岡県や旧幕臣の育英事業に莫大な私財を投じている。さらに昭和四年(一九二九)に日本赤十字社の社長に就任すると、アジア初となる赤十字国際会議を東京で開くべく、私費で欧米を回って赤十字の関係者を説得するなどして、昭和九年、これを成功させた。

昭和十年、オリンピック東京大会の招致委員会がつくられると、その会長となり、精力的に各国に働きかけた。結果、オリンピックが東京で昭和十五年(一九四〇)に開催されることが決定したのである。ただ、残念ながら日中戦争の泥沼化により、昭和十三年、オリンピックの開催権は返上されることになってしまった。

徳川家康よりも長生きした家達

この頃、満州事変が起こり、日本は国際連盟から脱退し、盛んに中国へ勢力を広げていた。国内でも軍部や右翼の力が急激に台頭してきていた。

そうしたなか、ワシントン会議で協調外交体制の一翼をになった徳川家達は、右翼団体から憎まれて暗殺のターゲットになった。その団体が血盟団《けつめいだん》である。だが、井上《いのうえ》準之助《じゅんのすけ》前蔵相や三井合名会社理事長の団琢磨《だんたくま》を殺したことで、家達の暗殺計画も明らかになり、犯行は未然に防がれた。

オリンピックの開催権が返上された昭和十三年（一九三八）は、家達が徳川家を相続してからちょうど七十年。そこで家名相続七十年記念式典が盛大に開催されたが、その年の五月、家達はイギリスで開かれた赤十字国際会議に参加するため、アメリカへ渡航した。途中、車でロッキー山脈を越えようとしたところで、にわかに心臓発作に襲われ、帰国を余儀なくされた。それから病床につくようになり、自宅で療養生活をしていた昭和十五年六月五日、七十八歳の生涯を閉じた。徳川家康が七十五歳で歿しているから、もし家達が将軍になっていたら、歴代将軍中、彼が最高齢となったことだろう。

いずれにせよ、徳川宗家を継承し、最初にして最後の静岡藩主となった徳川家達は、三代の天皇のもとでその藩屏《はんぺい》（守護者）となって尽力し、アメリカに敗北し崩壊した日本の姿を見ずして逝《い》ったのだ。

第三章

育ちの良さを生かして明治に活躍

蜂須賀茂韶

祖先の不名誉な噂を払拭するために外交官や官僚として活躍

弘化三年（一八四六）～大正七年（一九一八）

はちすか もちあき

阿波国徳島藩主・蜂須賀斉裕の次男として生まれる。慶応４年（1868）、鳥羽・伏見の戦いの直後に父が急死したために、家督を相続する。明治３年（1870）、家老の稲田邦植が家臣を率いて徳島からの独立を政府に働きかけるが失敗に終わる。この責任を問われるが、首謀者たちが処罰されて終わる。ロンドン留学後は外交官として手腕を発揮。その後元老院議官や東京府知事などさまざまな要職を歴任した。

徳島《とくしま》藩

蜂須賀家政（小六）が、豊臣秀吉から四国平定の戦功により、阿波国を与えられたのが始まり、関ヶ原の戦い後も、領国を安堵され、大坂の役の戦功により、淡路国を加増される。以後、幕末まで蜂須賀家が続いた。

蜂須賀茂韶（徳島市立徳島城博物館蔵）

維新後に勃発した「稲田騒動」

阿波国《あわのくに》・淡路国《あわじのくに》（徳島県・兵庫県淡路島）徳島《とくしま》藩十三代藩主・蜂須賀斉裕《はちすかなりひろ》は将軍・家《いえ》斉《なり》の第二十二子である。このため、外様《とざま》ながら親幕的であり、幕府の海軍兼陸軍総裁に就任している。斉裕は、領内の由良《ゆら》や岩屋《いわや》に砲台を構築したり、イギリス流の軍に改めるなど軍制改革をおこなうとともに、家臣多数を上洛させて幕府の一橋慶喜《ひとつばしよしのぶ》（のちの徳川慶喜）に協力して公武合体政策を進めた。

だが、家老《かろう》の洲本城代《すもとじょうだい》・稲田邦植《いなだくにたね》が、尊攘《そんじょう》派として急進的な行動をとり、藩論を統一することができなかった。くわえて斉裕は、鳥羽《とば》・伏見《ふしみ》の戦いが起こった直後の慶応《けいおう》四年（一八六八）一月に四十八歳の若さで病死してしまう。

代わって十四代藩主となったのは、斉裕の次男で弘化《こうか》三年（一八四六）に生まれた二十二歳の若き茂韶《もちあき》であった。すでに茂韶は、数年前から父の命を受けて京都の政局に積極的にかかわってきたが、鳥羽・伏見の戦い後は公議政体派*の松平春嶽《まつだいらしゅんがく》らと歩調を合わせ、建白書を朝廷に提出して新政府軍の東征を止めようとした。だが、その建言は無視され、東征が決まってしまう。ここにおいて茂韶も観念し、「我が藩も東征の列に加えてほしい」と願い出ている。

慶応四年三月、茂韶は新政府の議定《ぎじょう》に任じられ、刑法事務局輔《ほ》を兼ねることになった。翌年、版籍奉還《はんせきほうかん》が実施されると、徳島藩の知藩事《ちはんじ》となり、国元で藩政改革をすすめた。このおり、財政悪化を理由に、領内だけで通用する貨幣の鋳造《ちゅうぞう》を願い出たが許可されなかった。

明治三年（一八七〇）、徳島藩に激震が走る。家老の稲田氏が独立を企てたのだ。積極的に尊攘・倒幕活動を展開した家老・稲田氏の家臣たちだったが、陪臣《ばいしん》ということもあり、本藩徳島の家臣が士族となったのに卒族《そつ》（士族より格下）の地位しか与えられなかった。これを不満に思った稲田家は、「家中の者を士族に取り立ててほしい」と本藩に掛け合ったが聞き入れられないので、なんと、徳島藩からの独立を新政府に働きかけたのである。この動きに徳島藩の家臣たち（一部）が激昂し、同年五月、稲田氏の屋敷やその拠点である洲本地域を襲撃し、多数の死傷者を出した。

新政府はこの大事件の出来《しゅったい》に、一時は茂韶の知藩事罷免《ひめん》も検討したが、結局、首謀者の徳島藩士・小倉富三郎《おぐらとみさぶろう》ら十名を死罪とし、そのほか百人以上を処罰することで決着をつけた。大藩はいずれも同様の問題を抱えており、知藩事をクビにすると動揺が広がると判断したのだろう。なお稲田氏に対しては、北海道の静内《しずない》と色丹《しこたん》島に新地を与え、彼らを士族と遇して移住させ、同地を開拓させることにした。このときの労苦は、二〇〇五年に公開された映画『北の零年』で知ることができる。

＊議会制度を導入して国家の統一を図ろうとする政治思想。

イギリス留学とハデな出迎え

翌明治四年（一八七一）、廃藩置県により徳島藩は消滅し、茂韶は東京に移って日本《にほん》橋浜町《ばしはまちょう》の屋敷に入った。翌年、茂韶は海外留学した。イギリスへの私費留学であったが、当時としては珍しく夫人の斐《あや》を伴った。茂韶は鉄道に興味をもち、家臣の小室信《こむろしの》夫《ぶ》に鉄道事業を研究させ、明治六年、その成果をもって小室を一足先に帰国させた。茂韶はそのままロンドンで勉学を続け、明治八年にオックスフォード大学に入学した。

帰国したのは、明治十二年（一八七九）八月のことであった。このとき横浜港には、蜂須賀家の旧臣五十数名が、紫縮緬《ちりめん》の羽織と緋色《ひいろ》の紐という揃いの衣装を身につけて出迎えたという。さらに茂韶を乗せた汽車が新橋駅に到着すると、横綱以下力士数十人が蜂須賀家の定紋《じょうもん》を入れた弓張提灯《ゆみはりぢょうちん》をかかげて出迎えたのである。汽車から降りた茂韶は、まさに千両役者そのものであったと、茂韶の孫・年子《としこ》は、蜂須賀家の古老たちからその様子をしばしば聞かされたと回想している。

継室との異様な夫婦関係

帰国後の明治十四年（一八八一）、茂韶は継室をもらっている。正室とは事情があって離婚した。新しい妻は、徳川御三家の水戸家から迎えた。名を随子《よりこ》といった。たいへんな美人だったが、嫁ぐにあたって「茂韶とは肉体関係をもたない」という条件をつけた。これより前に随子は、旧桑名《くわな》藩主の松平定敬《まつだいらさだあき》（その養子の定教《さだのり》説あり）と婚約したが、何らかの理由で破談になった（結婚したあと、離婚したとの説もある）。そこで「二夫にまみえず」と誓《きょう》いを立てたのだという。しかし代わりに美女を一名連れてくると約束。それが萩原京であった。茂韶はこの条件を受け入れた。

茂韶は三田綱町《みたつなまち》に屋敷をかまえたが、白金《しろがね》の高輪《たかなわ》にも別宅があった。随子のいる本宅では月・水・金の三日間生活し、火・木・土・日の四日間は京がいる別宅で過ごした。判で押したように、この曜日は変えなかった。

官僚、政治家としての多才な経歴

茂韶の公的生活だが、帰朝後すぐに外務省御用掛《ごようがかり》となり、明治十二年（一八七九）にはドイツ皇帝ヴィルヘルム一世の孫ハインリッヒの来日にさいして、遊覧のお供を命じられている。明治十三年には皇別管長《こうべつかんちょう》、次いで大蔵省三等出仕に補せられ、関税局長となるも、翌明治十四年にも、来日したハワイ王国のカラカウア王の接待係を拝命している。滞在は約二十日間であったが、わざわざ横浜までカラカウア王を出迎えに行き、以後、連日の接待に追われている。

明治十五年五月、参事院議官に就任して法制部勤務になったが、十二月、にわかにフランスの特命全権公使に任ぜられ、パリ駐在を命じられた。このとき茂韶は正室の随子だけでなく、愛妾の京も伴って着任した。なお、美人であった随子は、パリの社交界で美貌の日本公使夫人として知られる存在になった。その後茂韶は、スペイン、ポルトガル、スイス、トルコの公使も兼任した。

パリにおいて茂韶は、日本が赤十字に加盟できるよう、フランス政府に交渉した。フランスは、いまだかつてキリスト教国以外を赤十字社に加えた例はないと難色を示したが、茂韶は「各宗派を異すと雖《いえ》ども、其の説く所、皆仁愛慈悲なり。儒仏の仁愛、耶蘇教《やそきょう》の愛と異言同旨のみ、何ぞ齟齬《そご》する所あらんや。且《か》つ、我が国古来の風俗、文明を説く頗《すこぶ》る凱切《がいせつ》にして、鑿鑿《さくさく》として中縶す」（岡田鴨里編『蜂須賀家記』）と述べ、ついにフランス政府を納得させ、その同意を取りつけた。

その後茂韶は、元老院議官、高等法院予備裁判官をへて明治二十三年（一八九〇）には侯爵《こうしゃく》議員、東京府知事となり、翌二十四年に貴族院議長に就任した。このように外交官に法曹界、さらには知事に議員と、まさに官僚、政治家として多才な経歴を積み重ねていったのだ。

嫡男の結婚

嫡男《ちゃくなん》の正韶《まさあき》も立派に成長し、自分と同じイギリスのオックスフォードで学び、明治二十八年（一八九五）に帰国することになった。そこで茂韶は、前年の明治二十七年から三田綱町《みたつな》邸内に正韶のために家を建て始めた。

同時に息子の嫁探しを始めた。結果、随子が水戸家出身ということもあり、そのつてで前将軍・徳川慶喜の四女・筆子《ふでこ》の輿入《こしい》れが決まった。イギリスにいる正韶には、事前に彼女の写真を送り、同意を求めた。当時の華族の結婚というのは、こうしたものなのであろう。

明治二十八年十二月、帰朝して一週間も経たない正韶と筆子が結婚式をあげた。式は小笠原《おがさわら》流でおこなわれるため、蜂須賀家の者たちには数ヵ月前から家元がその礼法を仕込んだ。式が済むと、それから三日間は披露宴となる。一日目に親戚一同を招き、二日目に旧臣たちが招待され、そして三日目に関係者が招かれる。

その数は数千人にのぼったといい、百畳敷きの大広間にはせり上がりの能舞台まで

九代目市川團十郎（国立国会図書館蔵）
明治時代を代表する歌舞伎役者の一人

つくられ、宝生《ほうしょう》、観世《かんぜ》、金春《こんぱる》、梅若《うめわか》など能役者たちが総出で能を演じ、客人たちはそれを庭で鑑賞した。さらにすごいことに、大人気だった九代目市川團十郎《いちかわだんじゅうろう》が別舞台で歌舞伎を演じたのである。まさに絢爛《けんらん》たる披露宴であった。

　その後筆子はすぐに妊娠し、翌年、年子《としこ》が生まれた。さらに、笛子《ふえこ》、小《さ》枝子《えこ》、正氏《まさうじ》と続けて子宝に恵まれたものの、結婚から十二年後の明治四十年（一九〇七）、筆子は病のために三十一歳の若さで亡くなってしまった。

蜂須賀家を襲った白蛇の祟り

　彼女の死については、因縁話がある。

正韶の長女・年子の回想（『大名華族』）によれば、正韶のために家を建てていたある日、若い大工が椎《しい》の木陰で昼寝をしていた。大工はふと首筋に冷たいものが巻きつくのを感じた。目を覚ましてみると、白い蛇が首に巻きついているではないか。大工は叫び声をあげて蛇をつかんで投げ捨て、驚きと怒りで近くにあった大きな石を投げつけた。石はちょうど蛇の頭に当たり、のたうちまわりながらやがて息絶えた。この出来事を親方に話すと、親方は驚いた。というのは、蜂須賀家では椎の木に住む白蛇のつがいを神様同然にあがめているのを知っていたからだ。困った親方と大工は、油紙に蛇の死骸をつつんで井戸へ投げ込んだ。ところが数日後、その遺骸が油紙に包まれたまま浮び上がり、家人に見つかってしまったのだ。

死んだのは雌のほうだった。家中では「きっと白蛇様の祟《たた》りがある。雌だから輿入れする筆子様に祟るのではないか」という噂が広まり、それが茂韶の耳にも入ると、茂韶は「そんな不吉なことを口にしてはならぬ」と家中一同に厳しく注意したという。

だが、やがて筆子は病にかかり、若くして亡くなってしまった。だから年子は、母の死は白蛇の祟りだと固く信じていた。

先祖の汚名をそそぐ

明治二十九年（一八九六）、茂韶はついに文部大臣にまでのぼった。大名出身で内閣の閣僚になるのは極めて稀《まれ》であり、茂韶の有能さがわかる。

徳島城
蜂須賀小六が天正13年（1585）に入り築城されたが、
明治になって建物は取り壊された

だからこそ、先祖の出自にはコンプレックスがあったようだ。茂韶が明治天皇に招かれたさい、卓上にあった紙巻き煙草を失敬したことがある。ちょうどこれを目にした天皇は「先祖は争えぬな」とほほえんだという。

周知のように、『太閤記《たいこうき》』などでは、茂韶の先祖・蜂須賀小六は夜盗の親玉として描かれている。それを天皇も知っており、この言葉が出たのだろう。

しかしこれを恥に思った茂韶は、歴史学者に頼んで汚名をそそいでもらおうと考え、有名な歴史家・渡辺《わたなべ》世祐《よすけ》に蜂須賀小六の伝記を書いてもらった。なお現在では、蜂須賀氏は水運にたずさわる尾張《おわり》の国人（有力武士）であったことがほぼ判明している。

茂韶は政界や官界で活躍するだけでなく、実業界にも進出する。北海道の雨竜《うりゅう》原野一億五千万坪の貸与を政府に請い、華族組合農場を組織し、イギリス式の大農法を実施したり、牧場を経営しようとしたのである。だが、後援者の三条実美《さんじょうさねとみ》が明治二十四年に死去したことで計画は中止になった。このおり土地の大半は返還したものの、茂韶自身も二万六千円を出資していたので一部の開拓を蜂須賀家の手で継続、さらに近くの土地の払い下げを受けるなどし、明治三十年からは小作人を入れて農場経営を展開した。茂韶が歿する大正初期までに蜂須賀農場には約八千町の水田が完成、一万石の米が収穫できるまでになった。

また、第八十九銀行の設立にも積極的にかかわった。ただ、明治四十二年（一九〇九）に経営が悪化して解散となった。蜂須賀家でも相当な損害を受けたようで、年子の回想によれば、茂韶は家中に厳しく倹約を申し渡し、自分も常服を二子《ふたこ》木綿とし、女性たちも地味な木綿の服で過ごすことになったという。

大正七年（一九一八）二月十日、蜂須賀茂韶は七十三歳の生涯を閉じた。政府はその労に報いるため従一位《じゅいちい》、勲一等旭日桐花大綬章《きょくじつとうかだいじゅしょう》を授けた。

浅野長勲

三人の天皇と心を通わせた最後の大名

天保十三年（一八四二）～昭和十二年（一九三七）

あさの ながこと

安芸・備後国広島藩主の一族、浅野懋昭の長男として生まれる。安政3年（1856）に広島藩の支藩藩主・長訓の養子となり、長訓が本藩の藩主となったため、長勲は本藩の嗣子となる。その後、藩主となるが、廃藩置県後、財政を確保するため製紙会社を起こす。

大名の生活がわかるのは、長勲が生前記録を残したからである。俗に「最後の大名」と呼ばれることが多いが、上総国請西藩主だった林忠崇が昭和16年（1941）まで存命していたので、正確とはいえない。

広島藩《ひろしま》

関ヶ原の戦い後、福島正則が入ったが、城を幕府に無断で改修したとして改易。その後浅野長晟が紀州より入り、幕末まで続く、赤穂浪士で有名な赤穂の浅野家は支藩にあたる。事件後、大石内蔵助の子孫は本藩に仕えた。

浅野長勲（国立国会図書館蔵）

昭和の世まで生きた広島藩のお殿様

大名浅野《あさの》家といえば、赤穂《あこう》藩を思い浮かべがちだが、同家は分家であり、浅野本家は安芸国広島《あきのくにひろしま》藩である。そんな広島藩の最後の藩主・浅野長勲《あさのながこと》は、なんと九十六歳の長生を保ち、昭和十二年（一九三七）まで生きた。昭和の世まで殿様が生存していたこと自体、大きな驚きだが、その後半生も極めて異色であった。

長勲は、天保十三年（一八四二）七月二十三日、浅野懋昭《としてる》の長男として誕生した。懋昭は、七代広島藩主・浅野重晟《しげあきら》の四男・長懋《ながとし》の八男。だから浅野一族といっても、それほど裕福ではなかった。長勲の母親はわずか十五歳で彼を生んだため、長勲の養育はもっぱら母方の祖母・八百（沢氏）がになった。

安政《あんせい》三年（一八五六）、長勲は伯父にあたる広島藩の支藩（新田《しんでん》藩）主・長訓《ながみち》の養子となるが、二年後、長訓が本家を相続したため、長勲がそのまま新田藩主にスライドした。文久《ぶんきゅう》二年（一八六二）には、広島本家の養子（世嗣《せいし》）となるが、ちょうど幕末の激動期にあたり、長勲は京都で政治活動に力をそそぐようになった。

孝明《こうめい》天皇の石清水八幡宮《いわしみずはちまんぐう》の行幸《ぎょうこう》に供奉《ぐぶ》し、長州《ちょうしゅう》藩や薩摩《さつま》藩と連携をはかって倒幕の密約を結ぶとともに、将軍・慶喜《よしのぶ》に大政奉還《たいせいほうかん》を説いている。薩長土の活躍に隠れてあまり知られていないが、広島藩もかなり政治活動に奔走しているのだ。

大政奉還（幕府の消滅）後、王政復古《おうせいふっこ》の大号令によって新政府が樹立されると、長勲は議定《ぎじょう》という政府の高官に任じられ、新政府の会計事務局輔《ほ》を拝命した。三岡八郎《みつおかはちろう》（由利公正《ゆりきみまさ》）が政府の財源として紙幣の発行をおこなうべきだと建議すると長勲はこれに賛成し、紙幣発行の費用にあてるため、京大阪の豪商を集めて御用金を課した。こうして誕生したのが太政官札《だじょうかんさつ》である。

戊辰《ぼしん》戦争が始まると、慶応《けいおう》四年（一八六八）二月、長勲は仁和寺宮嘉彰《にんなじのみやよしあき》親王（のちの小松宮彰仁《こまつのみやあきひと》親王）を追討大将軍とする新政府軍の参謀となった。しかし四月には、広島に戻って藩政改革を開始している。翌明治二年（一八六九）二月、長勲は養父・長訓から家督を相続して正式に広島藩主となったが、版籍奉還《はんせきほうかん》によって知《ち》藩事《はんじ》に任じられた。

三岡八郎（福井市立郷土歴史博物館蔵）
福井藩士として、幕末の藩の財政を立て直す。明治になってからは東京府知事や貴族院議員などを務めた

版籍奉還と廃藩置県の激動のなかで

長勲は藩の政務機構を大きく改編した。年寄役、官衙《かんが》（用達所）などを廃止し、新しく政事堂及び制度、軍事、郡政、会計の四局を設置、知藩事を補佐する副総督という職を設けた。藩の祭祀についても、仏教式から神道式に変更している。また、イギリス人を雇い入れて広島藩軍をイギリス流に改編した。教育にも力をそそぎ、学問所（藩校）の附属として、八丁馬場《はっちょうばば》に大きな漢学塾や、賀茂《かも》郡志和《しわ》に文武塾を設け、イギリスやフランスに六、七人の少年を留学せしめた。

明治三年（一八七〇）二月、上京した長勲は、天皇のもとに参内したところ親しく御前に召され、藩政改革の状況を下問され、そのほかさまざまな話をして大いに打ち解けた。このため帰任の挨拶に出向いたとき、天皇は長勲のために酒宴を催し、たびたび天皇手ずから酒を注いでくれた。

長勲はついつい気分が良くなって飲み過ぎ、人に抱えられてどうにか自邸に帰った。その夜、長勲はそのまま品川から蒸気船で広島に戻っている。

明治四年七月、廃藩置県が断行された。以後、知藩事（旧藩主）は東京での居住が義務づけられたので、長勲も東京に定住することになった。

一家生産の業「有恒社」

廃藩置県後、まだ三十一歳であった長勲は、「一家生産の業を立てん」と思い立つ。起業については、国家や社会に利益を与えるものが良いと考えた。その結果、意外にも西洋紙の製造を始めることにしたのである。

こうして「有恒社《ゆうこうしゃ》」が創設された。社長には、浅野家の家令《かれい》（事務・会計を管理する者）である中野静衛が就任した。日本橋蛎殻町《にほんばしかきがらちょう》三丁目に製紙工場が建設された。この場所は、つい数年前まで武家屋敷が林立していたが、明治の世になって更地に変わっていた。ここなら操業して煙や音を出しても、人々に迷惑がかかることはないと判断したのである。

紙漉《す》き機械はイギリスから輸入した。アンフェルトン社製作のもので、その価格は四万二千円、現在の価格にしておよそ百二十億円以上にものぼった。あまりに巨額なため、機械を動かして紙がきちんと製造できなければ大損害である。

そう心配していたところ、イギリス領事のホール・ジョン・カレーが「機械が稼働するまで代金はイギリス領事館に保管し、洋紙がしっかり生産され始めた段階で、アンフェルトン社に振り込むことにしましょう」と保証してくれた。

開業にさいしては、イギリス人の紙製工技師ジョン・ローゼルスを雇うことにした。

だが、民間企業で外国人を雇用した前例がなかったため、東京府知事の大久保《おおくぼ》一翁《いちおう》が尽力してくれ、明治七年四月、外務省からローゼルスに雇用許可証が発行された。

こうして明治六年の半ばからいよいよ工場を稼働させることになったが、それに先立って水を確保するため掘り抜き井戸をつくったところ、なんと赤茶けた水しか出てこず、仕方がないので河川から引いてきた水を貯水槽にためることにした。

当初はなかなか良質な紙ができなかったが、工程や機械を何度も調整することで、次第に真っ白で均質な洋紙の製造に成功していった。

だが、困ったことがあった。「洋紙の需要は急激に伸びるだろう」という予測がはずれたのだ。このため、つくった洋紙を売りさばくことができず、紙はそのまま倉庫に保管され、山積みになっていった。けれども長勲は、「必ず将来、洋紙の需要は爆発的に伸びる」と確信し、そのまま工場を稼働させ続けた。

それから三年後の明治九年、その読みが当り、大蔵省紙幣寮から証券や印紙類の原紙の注文が大量に舞い込んだ。これを機に、洋紙の需要はにわかに増加し、「有恒社」の経営は一気に好転していった。創業時には、一月一万封程度だった用紙の生産高は、明治十二、三年頃になると、十五万封にもなったのである。

実業家におさまらず海外へ

明治十年（一八七七）二月、長勲が墓参りのために広島へ向かう途中の島田宿《しまだしゅく》において、旧臣の西本清介が岩倉具視《いわくらともみ》右大臣の内命をもってやってきた。西郷隆盛《さいごうたかもり》と懇意《こんい》にしている長勲に対し、「鹿児島へ行き、彼を説得して東京へ連れてこい」というのだ。幸い明治天皇が京都に滞在していたので、まずはここに立ち寄った。すでに西郷は戦端（西南戦争）を開いてしまっていたからどうにもできず、長勲は三月五日に広島に向かい、所用を足したあと、五月に京都へ入って天皇に供奉し、西郷の敗北が決定すると、八月に東京へ戻った。

岩倉具視（国立国会図書館蔵）
公家出身。明治以降は議定など新政府の要職についた

この年、華族を授産するため、岩倉具視が中心になって第十五銀行を創設したが、明治二十六年（一八九三）に長勲が取締役となり、明治二十八年からは頭取に選任された。だが、長勲は実業家に転身したわけではなかった。

明治十三年、長勲は政府の立法機

関である元老院の議官となっている。

翌十四年七月十一日、にわかに明治天皇が永田町《ながたちょう》の浅野邸に臨幸《りんこう》した。通常は諸侯のほうから天皇の来迎を希望するのだが、長勲を気にいっていた天皇が自分の意志で浅野邸に行幸したのだとされる。

同年末、長勲は井上馨《いのうえかおる》外務卿から外国公使就任の打診を受けた。かくして翌年、長勲はイタリアの特命全権公使に任じられた。長勲にとって初めての海外であった。明治十五年六月十八日に東京を出発し、横浜港からフランス船タナイス号に乗った。途中、琉球《りゅうきゅう》の港の海の青さに感激しつつ、香港に到着した。

香港では、香港ホテルに止宿した。長勲は「此の香港ホテルは五階の高楼にして、頗《すこぶ》る壮大なるも、更に美麗と云《い》ふには非ず」(手島益雄編『浅野長勲自叙伝』)という感想をもった。また「食堂は五等に分ちて、之に使役する者は皆支那人にして、其の人員は殆《ほと》んど百人余であつた」と大食堂の様子に驚いている。さらにホテルから外へ出ると、中国人が群れをなして自分の駕籠《かご》に乗るように勧めてきた。駕籠は長椅子に似た形をしており、前後を手でさげて進む仕組みになっていた。

当時、香港はイギリスに割譲されていた。町の様子について長勲は「道路或《あるい》は堤防等もよく修築され、道路の両側には榕《あこう》と云ふ樹を列栽して、暑さを防ぎ、又海岸には高く埠頭《ふとう》を築いてあつた。此の辺は欧羅巴《ヨーロッパ》人の家屋にして、白亜巍々《はくあぎぎ》として聳《そび》えてゐた」と白人支配のためにインフラが整備され、白人の屋敷も立派であることを実感する一方、「土人の家屋は疎々《そそ》として各所に点在し、家に座を張らず、土床に起居してゐた」（『前掲書』）とその格差をはっきり認知している。続いてイギリスが支配下におくシンガポールにおいても「此の地の風俗は稍々《やや》香港の土人に類似し、洵《まこと》に不潔を極め、男女殆ど同装にして、識別することが困難であつた」と、その生活の貧しさに強い印象を受けている。

白人の支配下に置かれた人間が、このような状態に陥《おちい》ることを、長勲は脳裏に刻んだはず。なお、コロンボに来たとき、人々が左腕から右の肩にかけて結んだ服は、仏教でいうところの袈裟《けさ》の原型であり、椰子の実を割って容器として用いているが、これも托鉢《たくはつ》の原型だろうなどと、注意深く人々の生活の様子を観察している。木をくり抜いた船に張り出した木を横に浮かべて転覆を防ぐカヌーにも興味を覚えたようだ。

驚きに満ちたイタリア滞在

八月二日、長勲はイタリアのナポリに到着した。このホテルは香港のように巨大ではないが清潔であった。イタリア料理で、生牡蠣《がき》に酢をかけたものを珍しがって食べている。四日、ついに最終目的地であるローマに到着した。いよいよ外交官としての活動が始まるわけだ。

ローマで生活して一番驚いたのは日本との気候の違いであった。冬でも雪は降らず、春秋のような穏やかな季節だった。ただ夏はアフリカの砂漠から猛烈な炎風が吹いてくるので、公使館の窓を閉ざしてこれを防ぐほどであった。だから、イタリア国王や国務大臣は他所に行くのが恒例行事になっていた。

また長勲は「珍しき税法があり、窓税とか賭博税とかいふのがありまして、窓税は其の数に依つて税を課し、又賭博も公許してあります。是等《これら》が先づ税額の大なるものと思ふ」(『前掲書』)と、窓や賭博にも税をかけるお国柄にびっくりしている。

長勲がローマに着いたとき、イタリア国王・ウンベルトは避暑のためベニスの離宮にいた。そこで国書を拝呈するため長勲は、水の都であるベニスに赴《おもむ》いた。小舟で離宮に近づくと、向こう岸に大礼服を着用した接伴係が儀仗兵《ぎじょうへい》を従えてやってきた。日本ではあり得ない光景であった。

ベニスで外交官デビュー

長勲はウンベルト国王に国書を拝呈し、マーガレット皇后に謁見《えっけん》した。その夜は晩餐会が開かれ、隣にマーガレットが座った。これが長勲の外交官デビューであった。
各国の公使とは定例日を定めて相互に来往して交際するのが西欧の外交であり、多くは夫人や令嬢を伴った。舞踏会も公使館でたびたび開かれたが、夜の十二時頃から始まり、夜明けまで踊り続ける。長勲は「洵に之が随一の快楽と見えます」（『前掲書』）と述べているが、果てしのない饗宴は長勲にとって負担だったことだろう。
イタリア国王と皇后について長勲は、その飾らない人柄や聡明さに感心している。「国王が公式に非ざる出御には、唯一頭立の馬車に乗つてみずから馬を御せられ、其の後に只一人陪従せり。茲《ここ》に感ずべきことは、陛下が御通行になるときは、如何なる卑賤なるものも、令せずして悉《ことごと》く帽を脱して敬礼せり。国王も亦《また》手綱を片手に持ちて、帽を脱し礼を受けらる」「余《よ》の在任中、皇后陛下の御里なるゼノワ（ジェノヴァ：筆者註）に御婚儀がありまして、皇后陛下が其の妃と御同車で、羅馬《ローマ》市中を御通行に相成り、人民に御披露あらせらるるに対し、人民は路傍に佇立《ちょりつ》し或は二階にあつて、皆帽を脱して敬礼を為す。是等は実に変つた風習であります」（『前掲書』）
貴人に脱帽する珍しい風習に興味を覚えるとともに、強い信頼関係で国王と国民が結ばれていることに感心した。皇后についても「仏語でお話をすると、直ぐ仏語で御答へになり、英語でお話すると英語で御答へになる。承る所に依ると、五箇国の語に通じて居られ、日本語も少しは御話が出来ると云ひ、洵に賢明な御方であります」（『前掲書』）とその賢さに感動している。

二年の公務を経て、長勲は明治十七年六月五日にローマを出立し帰国の途についた。帰国にあたって長勲は、イタリア国王から勲一等王冠大綬章を賜わり、皇后は長勲の妻綱《つな》姫にみずから腕輪をはめてくれた。長勲は各国を巡歴しつつアメリカ経由で日本に戻った。帰朝の旅では、ロシアでの白夜《びゃくや》やニューヨークの電車に感激している。とくに電車については「初めて電車なるものを見たが、夫《そ》れが自然と地上を馳《はせ》るが如く、余は不思議に感ぜり」（『前掲書』）と自叙伝に書き残すほどであった。

帰国後まもなく長勲は侯爵を授けられ、宮内省出仕兼華族局長官に任じられたが、翌年には退職してしまった。

帰朝後の活躍

明治二十年、邸宅を永田町から本郷《ほんごう》区弥生町《やよいちょう》に移したが、長勲の周りには谷干城《たにたてき》、三浦梧楼《みうらごろう》、陸羯南《くがかつなん》、頭山満《とうやまみつる》など国家主義者、国粋主義者が集まるようになった。明治二十二年（一八八九）二月十一日に大日本帝国憲法が発布されるが、同じ日に新聞『日本』が陸羯南によって発刊された。長勲はこの新聞を全面的に支援した。陸は極度に欧化主義を嫌う人物であった。

欧米を見てきた長勲は、なぜこうした活動を始めたのか。その理由に関しては、自叙伝からはまったく見えてこない。長勲は、明治二十一年に郷里広島で政友会という地方政党を組織し、その機関誌として『安芸津新報』を発刊する。政友会は五千人を擁する一大組織となったが、明治二十二年には解散している。翌年、長勲は貴族院議員になった。

明治二十七年、日清戦争が勃発すると、大本営は長勲の郷里である広島に置かれ、天皇は長勲の泉邸に行幸《ぎょうこう》している。その後、日露戦争、第一次世界大戦、戦後恐慌、関東大震災、金融恐慌、昭和恐慌、満州事変を経験した長勲は、昭和十二年（一九三七）二月一日に九十六歳の生涯を閉じた。

最後の天皇拝謁

晩年は、故郷の広島で生活していたが、亡くなる前年にあたる昭和十一年（一九三六）春、久しぶりに上京し、六月十一日に天皇に拝謁《はいえつ》した。明治天皇ではない。昭和天皇である。このときの感想を長勲は自叙伝に残している。

「御座所に参上致しました所が、聖上陛下には、御座所の正面の所に直立してあらせられたのであります。私は恐懼《きょうく》に堪へずして、御次の間に伺候《しこう》して、拝伏致して居りますと、陛下には畏《おそ》れ多くも近くへ来いとの御沙汰を下されたのであります。そこで私は聊《いささ》か進みまして、御座所の御敷居内へ参りますと、そこでは話が出来ぬからモット傍へ来いと仰せになりました」（『前掲書』）

このように昭和天皇は長勲を近くに招き寄せ、テーブルをはさんで長勲を労《いたわ》りながら、さまざまな話をしたのである。

「其の間、陛下には時々お笑ひ遊ばすやうな事もありまして、実に御親密なる御待遇を戴きまして、私は何んとも申し様もなく、感激の至りに堪へず、思はず感涙に咽《むせ》んだ次第であります」（『前掲書』）

長勲は天皇との懇談が終わると、皇后に招かれた。さらに皇太子、皇子や皇女も集まり、テーブルを囲んで和やかな時間を過ごした。

「実に以て私の光栄此の上もなく、唯感涙の外なかつたのであります」（『前掲書』）

孝明天皇、明治天皇、大正天皇、昭和天皇に仕えた最後の大名・浅野長勲は、この日から八ヵ月後、思い残すことなく大往生を遂げたのである。

岡部長職

長年の欧米生活で身についたマイホーム・パパ

嘉永七年（一八五五）〜大正十四年（一九二五）

おかべ ながもと

和泉国岸和田藩主・岡部長発の長男として生まれるが、幼いときに父を亡くしたあと、伯父で藩主となった長寛の養子となる。その後、長寛の実子との間で継承問題が起こるものの、明治元年（1868）に長寛の隠居に伴い家督を継ぐ。

アメリカに留学し、そこでキリスト教徒となり、信仰は死ぬまで続いた。日本に帰国後は、外交官として活躍するが、大津事件の責任をとる形で辞任。その後、東京府知事となる。

岸和田藩《きしわだ》

戦国時代から江戸時代初頭にかけて、岸和田では小出秀政をはじめとして藩主がめまぐるしく代わる。しかし、寛永17年（1640）に岡部宣勝が入ったあとは、岡部家が幕末まで岸和田の地を治めた。

岡部長職（山岡家所蔵／岸和田教育委員会提供）

「だんじり」藩のお家騒動

岸和田《きしわだ》といえば、「岸和田だんじり祭」が全国的に有名である。巨大で重量のある「だんじり」（山車《だし》）をすさまじいスピードで走らせながら、カーブを直角に曲がっていくさま（やりまわし）は、まことに勇壮な光景である。

この祭りの由来だが、元禄《げんろく》十六年（一七〇三）に和泉国《いずみのくに》（大阪府南西部）岸和田藩主の岡部長泰《おかべながやす》が、京都の伏見稲荷《ふしみいなり》を岸和田城内三の丸に勧請《かんじょう》し、豊作を祈願する稲荷祭を挙行したのがはじまりとされている。

岸和田城には小出氏、松井松平氏をへて寛永《かんえい》十七年（一六四〇）に岡部宣勝《おかべのぶかつ》が入り、以後、代々岡部氏が岸和田領を統治し、その支配は明治維新まで続いた。ちなみにだんじり祭のきっかけをつくった長泰は、岡部氏三代藩主にあたる。

本項の主人公で、最後の岸和田藩主（十三代）である岡部長職《おかべながもと》は、嘉永《かえい》七年（一八五五）に江戸の岸和田藩上屋敷で生まれた。十一代藩主・長発《ながゆき》の嫡男《ちゃくなん》である。

ただ嫡男だからといって、すんなり長職が藩主に就任できたわけではなかった。長職が生まれて数ヵ月後、父の長発が二十二歳の若さで病歿してしまったからだ。さすがに赤子を藩主にすえることはできない。そこで岸和田藩では、長発より二十五歳年上の兄で、旗本の養子となっていた長寛《ながひろ》を十二代藩主としたのである。家督相続にあたって長職は長寛の養子となり、次期藩主につくことに決まった。

ところが長寛の側室染浦《そめうら》は、自分が生んだ長美《ながとみ》（長職とほぼ同年齢）を後継者にしようと動き始める。この時期、藩内では勤王《きんのう》と佐幕《さばく》をめぐって家中が対立するようになっており、これに家督相続がくわわり、「岸和田騒動」と呼ばれる泥沼の争いになっていく。藩主の長寛も我が子・長美を跡継ぎにしたいと望んだようで、争いは次第に長職側に不利になり、一時は長職が毒殺される危険も出てきたため、生母は長職の周りに信頼できる士だけをつけ、その他の出入りを禁じた。なおかつ食べ物に毒を入れられないよう疑わしい食材はすぐさま破棄し、自分で食事をつくって長職に与えたと伝えられる。

いずれにせよ、こうした藩内闘争の現状は新政府にまで漏れてしまい、新政府は監察役として間島万次郎を岸和田藩に派遣、紆余曲折あって最終的に長職派が勝利し、藩主の長寛は新政府から差し控え処分を受け、明治元年（一八六八）九月、長職がようやく家督を継承することになった。かくして十四歳の少年藩主が誕生したのである。

改革に燃える若き藩主

翌年、新政府は版籍奉還《はんせきほうかん》によって形式的に大名の藩領を朝廷に返還させ、藩主を政府の知藩事《ちはんじ》に任命してそのまま旧領を統治させることにした。長職も岸和田藩の知藩事となり、直接国元へ赴《おもむ》いて家中に新政府の方針「五箇条《ごかじょう》の御誓文《ごせいもん》」をわかりやすく解説した「申諭大意《しんゆたいい》」を示した。

翌明治三年（一八七〇）七月、長職は、八歳から十八歳までの士族はすべて藩校「講習館」に入って学ばなくてはならないとし、試験制度を導入するとともに、教育課程に英書の講読などを導入した。洋学を学ばせるのは、藩校としてはたいへん珍しいことであった。だが、精力的な教育改革はわずか一年で終わってしまう。廃藩置県によって岸和田藩が消滅してしまったからである。

知藩事は上京命令を受け、東京居住が義務づけられた。このため長職も岸和田の地を去ることになった。訣別にあたり長職は、おのれの気持ちを七言絶句にしたため、家士に示した。

「受命奮然正課程、固期嘗胆素心成、請君休説区々思、窓外鳴蟲切管情」（上京の命を受け、勇気を奮い起こして素心を成しとげようと固く決意した。お前たちも思うところはあろうが、何もいうな。窓の外で鳴く虫の声にも気持ちが動かされるのだから）

こうしてわずか四人の部下を伴い、飄然《ひょうぜん》と岸和田を去る長職に対し、斉藤常貞など縁の深い家来たちは長職に頼み込んで神戸の港まで随行していった。

アメリカへの強い関心

明治四年八月、長職は東京に住まいを定めたが、まだ十七歳の青年であった。藩校にも英語の講読を導入したように、彼はアメリカに強い関心をもっていた。すぐにアメリカ人教師を雇って英語を学び始め、横浜に移住して英学修業に取り組もうとした。やがて、自分の叔父・鳥居忠文《とりいただふみ》がアメリカに留学していることもあり、アメリカ大陸へ渡りたいと熱望するようになる。

明治七年、長職は久しぶりに岸和田に戻り、旧臣を連れて吉野《よしの》や高野山《こうやさん》などをめぐり、続いて東北地方を旅した。

同年十二月、長職は福沢諭吉《ふくざわゆきち》の慶應義塾《けいおうぎじゅく》に入学する。そしてある程度、基礎的な英会話ができるようになった翌年十一月、政府の許可を得てアメリカへと旅立った。

船旅ではひどい船酔いに苦しんだものの、無事にサンフランシスコに到着し、ニューヨークで叔父の鳥居忠文の手配によって、郊外のマサチューセッツ州スプリング・フィールドに寄宿、グラウという女性から個人教授を受けることになった。

この地で長職は、キリスト教に入信する。しかも、自分が出会ったこのすばらしい教えを岸和田の人々にもぜひ伝えたいと思い、かつて近くに留学していた新島襄《にいじまじょう》（京

福沢諭吉（国立国会図書館蔵）
中津藩士の息子として生まれ、江戸の中津藩邸内で慶應義塾を開く

都の同志社の創立者でクリスチャン）に手紙を書き、岸和田への布教を依頼したのである。面識はなかったものの、新島はこの願いをこころよく受け入れ、岸和田に出向いて布教をおこなった。これにより旧臣のあいだで信者が増え、明治十八年（一八八五）には岸和田教会が設立された。旧主が信じる宗教ゆえ、旧臣が従ったという面もあったろう。

長職は勉学にも力を入れ、二十六歳のとき名門イエール大学に入学できた。専攻は生物学であった。身長が一八〇センチもある肥満体で、アメリカ人に劣らぬ堂々たる体躯《たいく》をしており、顔立ちが整っていて愛嬌もあったので、白人の同級生たちともすぐに打ち解けた。しかしながら、卒業を待たずに明治十五年九月にイギリスへ渡り、オックスフォード大学で学ぶようになった。一説には政府の命令だったのではないかといわれている。ともあれ、イギリスに数ヵ月滞在したのち、翌年六月に長職は帰国する。日本を出てから八年の歳月が過ぎていた。

激動する日本の外交に身を投じる

帰国した長職だが、二年半も政府に登用されなかった。理由は不明である。八年間も彼の地における名門大学等で勉学に励んできたのだから、通常ならすぐに公職が与えられるはず。なのに放置されたのは不可解だ。とくに政府高官との確執もなかったようなので、おそらく政府から打診されても、官途につかなかったのではなかろうか。

明治十九年（一八八六）三月、ようやく長職は官職についた。公使館参事官に任じられたのである。参事官というのは外交官で、赴任先はイギリスと決定した。長職に期待されていたのは、不平等条約の改正交渉の手腕であった。

翌年イギリスに渡った長職は、大隈重信《おおくましげのぶ》外相の指令を受けてイギリスとの交渉に臨んだ。強硬なイギリス側の主張に苦慮しながら、長職は巧みに交渉を進めた。しかし、秘密にしていた条約内容を外交官の小村寿太郎《こむらじゅたろう》がロンドン・タイムズに流し、同紙に公表された内容に激怒した右翼が、大隈外相に爆弾を投げつけたことで、大けがをした大隈が外相を辞し、改正交渉も中断してしまった。

大隈のあとを継いで外相となった青木周蔵《あおきしゅうぞう》は、長職の外交手腕を高く評価し、大

大隈重信（国立国会図書館蔵）
元佐賀藩士。早稲田大学を創立し、
内閣総理大臣などを務める

隈の推薦もあって、長職を本国に呼び戻して外務次官に抜擢した。このとき長職はまだ三十五歳の若さであった。大名出身ながら、完全に若手の外務官僚としての実務を期待される身となったわけだ。

長職は青木の期待に応えるべく、朝から晩まで外務省に籠《こ》もって仕事をした。条約改正については、イギリスも態度を軟化させ、このままいけば治外法権は撤廃できそうな情勢になった。ところが、である。

なんと、明治二十四年（一八九一）来日中のロシア皇太子・ニコライが警備の巡査・津田三蔵《つださんぞう》に大津《おおつ》で襲撃され、負傷したのだ（大津事件）。この責任を負って青木は辞任、長職も辞職を余儀なくされた。

マイホーム・パパ

ちなみにこの頃、長職は再婚している。三年前、長職は妻の錫子《ようこ》（郡上《ぐじょう》八幡《はちまん》藩主・青山幸哉《あおやまゆきしげ》の四女）を病気で亡くしていた。再婚相手は、またもお姫様だった。しかも加賀《か が》百万石の前田斉泰《まえだなりやす》の娘・栄子であった。外様の大大名の娘だ。当時、長職は三十六歳、対して栄子は二十五歳で、学習院を卒業した才女であった。

栄子は結婚後に坻子《おかこ》と改名するが、この人はまことにバイタリティーあふれる女性だった。長職は先妻との間に一男二女をもうけていたが、坻子はさらに十一人の子供を産み、先妻の子供を含めてすべて彼女自身が乳母も雇わず、一手に育児をになった。さらに坻子は、家族が仲が良いのがすべての幸せの基礎になるのだという信念をもっていた。これに触発されたのか、それとも長い海外生活で欧米の家庭を目の当たりにしてきたからか、この方針に長職も全面的に賛成し、よいマイホーム・パパとなった。

長職自身は、幸せな家庭の味を知らない。生まれてすぐに父親を亡くし、幼年期は毒殺の恐怖におびえ、母親もぴりぴりしているなかで育った。だからこそ、子供たちにはそのような思いをさせず、つとめて楽しい家庭にしようとしたのかもしれない。

「子爵岡部長景の家庭教育」（伊藤真希著『愛知淑徳大学現代社会研究科研究報告（7）』）という論文がある。

この論文は岡部長景《ながかげ》の日記（昭和四年〈一九二九〉〜五年）の記述から、彼がいかに妻の悦子《えつこ》と一人息子の長衡《ながひら》との家族の団らんを大切にしていたかを調査・研究したものだ。岡部長景は、長職の長男である。父親と同じ貴族院議員であるとともに、東条《とうじょう》英機《ひでき》内閣の文部大臣を務めた人。日記によれば、なんと長景は、二年間で百回近くも家族を伴って私的な外出を楽しんでいる。マイホーム・パパも遺伝するようだ。

大物政治家として波瀾のなかに生きる

長職は外務次官を辞任したあと、貴族院議員の最大会派である「研究会」の中心人物として活躍する。そう、官僚から政治家に転身したのだ。しかも保守的な政治家として、その手腕を政党から畏怖《いふ》されるほどになる。

そんな長職は、明治三十年（一八九七）、東京府知事になった。当時東京府知事は同時に東京市の市長も兼任することになっている。だが、府知事は現在のように公選ではなく官選であった。

ちなみに東京市には、特別市制が適用されていた。簡単にいうと、他の市より自治権が少なかったのだ。重要な都市なので、府知事が市長を兼任するだけでなく、府の役人が東京市の助役や重職を兼ねた。こうした状況に市議会や市民が反発し、東京市に一般市制を適用すべきだとする法案が帝国議会に提出されたが、衆議院を通過したものの貴族院で否決されてしまっていた。この法案に強く反対し否決に至らせたのが、じつは研究会であり、長職がその中心人物だと見られていた。

そんな長職ゆえ、彼が東京府知事兼東京市長につくと、市議会などが反発を強め、市政のみならず府政もうまくいかなくなった。ちょうど長職の在職中、東京奠都《てんと》（遷都）三十周年のセレモニーがあり、明治天皇とともに式典に参列したが、それからまもなく東京市の特別市制は廃止が決定し、長職は明治三十一年七月に辞職した。在職はわずか一年にも満たなかった。

それからの長職は、朝鮮半島や中国大陸に渡ったことで海外の農業に興味を覚え、朝鮮や満州の開拓事業に投資をしたり、台湾の鉄道会社の設立に尽力した。日露戦争後の明治三十九年には、南満州鉄道株式会社の設立委員に就任している。また、福島県や栃木県那須《なす》でも牧畜事業を展開するなど実業分野にも積極的に乗り出していった。

明治四十一年（一九〇八）七月、五十四歳になった長職は第二次桂太郎《かつらたろう》内閣の司法大臣に就任した。このとき長男の長景は東大に入って外交官を目指していたが、長職の在職中、無事に卒業して外務省に入り、駐米大使としてアメリカへ赴任していった。

明治四十四年、桂内閣が総辞職したことで大臣の椅子を離れたが、これより数ヵ月前、長職は一度に十二名もの死刑執行の印を押し、執行を命じている。十二名はすべて同じ事件で死刑囚となった者たちだった。これほど大量の処刑を一度に命じたのは司法大臣として長職が最初ではなかろうか。

事件というのは天皇の暗殺未遂事件、そう大逆事件である。幸徳秋水《こうとくしゅうすい》はじめ、ほとんどが政府のでっち上げによって命を絶たれたのである。長職は直接関与していなかったものの、法をつかさどる担当大臣。後年長職は、このことについて息子に「気が進まなかった」と回想したという。

大正五年（一九一六）、長職は貴族院議員を引退し、枢密院《すうみついん》顧問官《こもんかん》についた。枢密院は天皇の諮問《しもん》機関であり、保守派の牙城とされた。

大正十二年、関東大震災で岡部邸は焼失してしまった。その精神的な心労もあったのか、翌年、長職は息子との会話中に脳溢血で倒れ、言葉が不自由になる。それからまもなく末期の胃がんであることが判明する。

翌年、不自由な体をおして岸和田へ行って先祖の墓参りをすませ、大正十四年（一九二五）十二月二十七日に七十二歳の生涯を閉じたのである。臨終にさいして長職は指で十字をきったという。最後まで強い信仰心をもち続けていたことがわかる。

明治の世に殿様になった長職は、海外に長年留学してキリスト教徒となり、その後は外交官、政治家、実業家をそつなくこなし、温かい家庭を築き、天寿をまっとうした。そういった意味では、幸福な生涯だったといえるのではないだろうか。

上杉茂憲

沖縄の近代化に尽くそうとした名門藩主

天保十五年（一八四四）～大正八年（一九一九）

うえすぎ もちのり

出羽国米沢藩主・上杉斉憲の長男として生まれる。父の斉憲は、戊辰戦争のさい奥羽越列藩同盟の一員として新政府軍と戦った責任をとるかたちで当主の座を退いたため、代わって茂憲が当主となった。イギリス留学後の明治14年(1881)沖縄県令となり、尊敬する先祖・上杉鷹山に倣い、県の改革を推し進めて沖縄を近代化しようと力を注ぐが、その2年後、志半ばで解任されてしまう。

米沢藩《よねざわ》

上杉謙信を藩祖としているが、謙信自身は米沢に入ったことはない。関ヶ原の戦いで石田三成側についた上杉景勝は、徳川家康に謝罪して、大幅な減封移封のうえ、米沢での存続を許される。

上杉茂憲（米沢市上杉博物館蔵）

薄禄の藩士を懸念する若き藩主・茂憲

戊辰《ぼしん》戦争のとき、出羽国《でわのくに》（山形県・秋田県の大部）米沢藩《よねざわ》も奥羽越列藩同盟《おううえつれっぱんどうめい》に参加して新政府軍と戦ったが、慶応《けいおう》四年（一八六八）九月はじめに降伏した。戦いでは二百八十名の藩士が命を落とした。会津《あいづ》藩、庄内《しょうない》藩の降伏の斡旋は米沢藩がおこなったが、米沢藩主・上杉斉憲《うえすぎなりのり》は新政府から十一月末までに上京せよとの命令を受けた。米沢藩では穏便な処分で済むよう、姻戚関係にあった土佐《とさ》藩へ強く周旋を求めるとともに、新政府に三万両の献金をした。

同明治元年十二月、米沢藩の措置が決定する。藩主の斉憲は隠居、さらに所領十八万石のうち四万石が召し上げられることになった。かくして斉憲の子・茂憲《もちのり》が十三代藩主に就任したのである。茂憲は、天保《てんぽう》十五年（一八四四）に斉憲の長男として米沢に誕生、藩主就任時はまだ二十五歳だった。

新政府は、朝廷に抵抗した首謀者を差し出すよう茂憲に命じてきた。そこで、戦死していた色部長門《いろべながと》を首謀として届け出た。新政府はこれを了承し、色部家を断絶とした。

しかし斉憲・茂憲父子は、長門の嫡子《ちゃくし》・弥三郎に対し、密かに二千石を与えて上杉一門である山浦家を再興させ、上杉氏の家紋（竹に雀紋）を下賜《かし》した。藩のために犠牲になった長門に対するせめてものつぐないであった。なお、明治十六年（一八八三）、政府が色部家の再興を認めたので、弥三郎は復姓し、山浦家は、弥三郎の長女が継ぐことになった。

明治二年三月、斉憲・茂憲父子は、菩提寺《ぼだいじ》の林泉寺《りんせんじ》において戊辰戦争で命を落とした藩士たちの法要を営むとともに、戦いで活躍した士に報償を与えた。同年、版籍奉還《はんせきほうかん》によって茂憲は知藩事《ちはんじ》となり、新政府の意向に従って藩政改革を進めていった。

知藩事は、藩の石高の十分の一を家禄《かろく》（収入）とすることに決まっていた。だが、そうなると、藩士たちは困窮してしまう。

もともと越後《えちご》の上杉謙信《うえすぎけんしん》から始まる米沢藩上杉家は、初代藩主・景勝《かげかつ》のとき、豊臣《とよとみ》政権の五大老《ごたいろう》となり、会津百二十万石を領していた。ところが徳川家康《とくがわいえやす》と対立したため、関ヶ原《せきがはら》合戦後、米沢三十万石に減封されてしまう。

さらに、三代藩主の綱勝《つなかつ》が嗣子《しし》なくして急死する。本来ならば改易になるところだが、幕府の実力者、保科正之《ほしなまさゆき》の娘を娶《めと》っていたこともあり、領地の半減で済んだ。つまり十五万石（のち十八万石）になったのだが、今回の戊辰戦争でさらに四万石を削減されたわけだ。景勝の頃にくらべると、石高は十分の一。にもかかわらず、上杉家は一人も家臣を召し放たなかった。まことに立派なことだが、それがために六千人も藩士がいて、その多くが薄禄で生活苦にあえぐことになった。

だから茂憲は政府に対し、「知藩事の家禄は石高の十分の一だということですが、米沢藩は逼迫《ひっぱく》しておりますので、十分の一ももらっては藩士の俸禄《ほうろく》が足りません。二十分の一を頂戴し、残る分は藩士へお与えください」と嘆願書をしたためた。

名君鷹山を敬愛し「民の父母」を目指す

それから二年後、廃藩置県が断行され、米沢藩は地上から消滅した。

知藩事は東京居住を命じられ、茂憲も米沢を去ることになったが、これを知った米沢城下の町年寄（町人の有力者）たちが、上京延期を願う懇願書を出してきた。驚いた茂憲は、町年寄らを招いて彼らを慰撫し、明治四年（一八七一）九月九日、後ろ髪を引かれる思いで米沢をあとにした。

出立のときには、「沿道町在ノ者共通行ノ両側ニ平伏シテ声ヲ呑《のん》テ御別レヲ惜ミ悲シムノ有様実ニ言語ニ絶セリ」（池田成章著「過越方《すぎこしかた》の記」『米沢市史　第四巻　近代編』所収）とあるように、多くの領民が茂憲一行をひざまずいて見送ったのだった。いかにこの若き藩主が領民に慕われていたかがわかる。

茂憲は、名君と呼ばれた九代藩主・上杉鷹山《ようざん》（治憲《はるのり》）を敬愛していた。

「うけつぎて　国のつかさの身となれば　忘るまじきは　民の父母」

これは、鷹山が十代で藩主に就任したさい、己の決意を詠《うた》ったものだといわれる。上杉家を受け継いだからには、自分は領民たちの父母となり、善政を尽くそうという意味だ。藩主になった鷹山は、徹底的な倹約によって見事、米沢藩の財政を立て直した。

茂憲も、わずか三年の間であったが、「民の父母」たろうと誠実に努力してきた。それは、茂憲が長い間の家士の忠義に対し、家財や山林を売った金をかき集め、集まった十七万二千両を彼らに分与するとともに、「義社《ぎしゃ》」と称する互助組織をつくり、藩士たちが路頭に迷わぬようにしたことでもわかる。

上杉鷹山銅像
米沢藩中興の祖として名高い鷹山の銅像は、米沢城跡に建っている

台湾出兵と琉球処分

明治五年（一八七二）、茂憲は旧家老の千坂高雅《ちさかたかまさ》を伴ってイギリスに留学した。ただ、わずか二年足らずで

帰国する。多くの華族（元大名）が五、六年間遊学しているのに比較すると、かなり短期間だったといえる。

帰国した茂憲は、明治九年に宮内省《くないしょう》出仕を命じられ、第二部部長、第四部部長を務めた。そして明治十四年五月、にわかに沖縄県令*に転出するのである。

沖縄に県制が敷かれたのは、明治十二年のことだった。

周知のように、沖縄は特殊な地域であった。江戸時代は薩摩《さつま》藩の支配下にありながらも、琉球王国《りゅうきゅうおうこく》として清朝に朝貢《ちょうこう》してきた。

明治政府は、琉球を日本領に組み込もうと、琉球王国を琉球藩とし、国王の尚泰《しょうたい》を藩王に任じた。こうした動きに清朝は、「琉球は我が国の属国である」と強く主張し、日本と対立した。しかし、琉球漁民が台湾の住人に殺害されると、日本政府は清朝に賠償を求め、その要求を拒絶されるや、台湾出兵を断行した。

このおりイギリスが仲介に乗り出し、清朝に償金《しょうきん》を支払わせることで決着がついた。このため、「清朝は琉球が日本領であることを黙認した」と判断した日本政府は、沖縄本島に警察や軍隊を入れ、強引に琉球藩を潰して沖縄県とした。藩王の尚泰は、東京居住を命じられた。

代わって初代県令として沖縄県に赴任したのが、鍋島直彬《なべしまなおよし》であった。直彬は、佐賀藩の支藩・鹿島《かしま》藩主（二万石）であった。

通常、県令は薩長土肥出身者から有能な士族が任命されたが、沖縄県の人々は門地を尊ぶので、あえて旧大名を県令に任じたのである。

＊廃藩置県後に置かれた県の長官

非常事態のなかの沖縄県令就任

だが、沖縄県の旧士族層が沖縄県令の支配に強く反発、県政不服従運動を展開する。そこで政府は、岩村高俊《いわむらたかとし》内務大書記官に内情を視察させたが、岩村が「県の官吏の辞職者が多く、県政がうまくいっていない」と鍋島県政を批判的に報告したこともあり、明治十四年（一八八一）五月、鍋島直彬は県令を解任され、元老院議官に転出する。

代わって県令となった上杉茂憲は六月十四日、側近の池田成章《いけだなりあき》をはじめ、畠山義孝《はたけやまよしたか》、左近司六蔵《さこんじろくぞう》、三俣元三郎、清水熊吉《しみずくまきち》らを伴い横浜港から船で沖縄へ向かった。

当時、上杉家には旧臣からなる相談人がいた。代表的な人物として宮島誠一郎《みやじませいいちろう》、小《こ》森沢長政《もりさわながまさ》、中條政恒《なかじょうまさつね》、小田切盛徳《おだぎりせいとく》らがいるが、彼らは茂憲が沖縄県令に就任するにあたり、献議書を贈呈した。茂憲に県令としての心得を説いたものである。

着任した茂憲はまず、沖縄のことを深く知るため、くまなく島々を視察することに決めた。視察にあたり各地の吏員に対し、「土産物を差し出したり、特別な宿や食事を提供する必要はない」との通達を出した。そのうえで左近司六蔵、三俣元三郎と通訳一名、沖縄県の官僚数名を伴って十一月から視察を開始した。

だが茂憲は、この旅のなかで庶民のあまりの貧しさに言葉を失ってしまう。

丸太の掘っ立て柱に萱《かや》を葺《ふ》いた粗末な小屋に家畜とともに住み、芭蕉布《ばしょうふ》一枚を身にまとって毎日甘藷《かんしょ》（さつまいも）やソテツばかり食し、食器すら持っていない。しかも、文字も読めない者ばかりである。このため茂憲は、貨幣が通用する学校には紙代として児童一人に対して十銭ずつを配り、貨幣が流通していない島々には、紙や墨、筆などを自分のポケットマネーで購入して配布した。南風原間切《はえばるまぎり》の士族・境名元連という十一歳の少年が九州の小倉《こくら》に遊学すると知った茂憲は、元連に十円を与えている。

医療体制も信じがたいものであった。各島には漢方医さえおらず、病気になると、「出毒」と称して剃刀《かみそり》で顔や身体を傷つけるというマジカルな治療がなされていた。これでは、病気に効果があるどころか、ますます悪化してしまう。コレラなども常時蔓延していた。沖縄県民をこのような苛酷な状況に置いている元凶は、「昔からの貢《こう》祖《そ》収奪システムのせいである」そう茂憲は看破した。

沖縄では、一般的に数ヵ村が間切と呼ぶ行政区画で仕切られており、住民一人ひとりに課される重い人頭税は、各間切の役人（吏員）に支払う。ところが間切の吏員数が多いうえ、彼らは規定よりも多く税を搾《しぼ》り取り、それを自分の利益としている。県から俸給を支給されているのにもかかわらずだ。さらに住民から多くの付け届けをもらっているうえ、住民を奴隷のようにこき使って、自分の田畑を耕作させていた。

上杉県政への批判と挫折

この実態を目の当たりにした茂憲は、大きな衝撃を覚え、早急に各地に教育機関と医療機関を充実させるとともに、昔から続く間切吏員制を改めようと決意した。

手始めに小学校を新設して、県民の教育水準を高めようとした。教育の重視は、敬愛する上杉鷹山のやり方に倣《なら》ったものであった。

もし上杉県政が長く続いていたら、沖縄県民の生活水準は改善に向かったことだろう。

だが、残念ながら上杉県政は、わずか二年で終焉を迎えることになった。

各島の巡察によって沖縄県民の実態にショックを覚えた上杉茂憲は、明治十五年（一八八二）三月、みずから上京して岩倉具視《いわくらともみ》、山田顕義《やまだあきよし》内務卿、松方正義《まつかたまさよし》大蔵卿ら政府高官のもとを訪れ、沖縄県を大改革すべき必要性を力説した。同時に内務省や大蔵省に宛てて間切吏員制の廃止など抜本的な改革意見書「沖縄県上申」を提出したのである。

だが、各省は「時期尚早である」との回答を与えた。が、茂憲はあきらめきれず、さらに意見書を提出した。政府の高官たちは茂憲の熱意を感じながらも、大いに閉口した。沖縄を牛耳っているのは、旧王族や士族、間切の吏員たちであった。

まだ沖縄は、日本の統治下に組み込まれたばかりで、今後も清朝が領有を求めてくる可能性があり、そのさい沖縄の支配層が清朝と結びついては都合が悪かった。

このため政府では、「旧慣温存《きゅうかんおんぞん》」を沖縄統治の根本政策とした。支配層に有利なように昔ながらの慣習をそのまま温存するというものだ。まさに間切吏員制は、その柱であった。それを茂憲は、大幅に改革したいと主張しているわけだ。もちろん、県民のためになるのは明らかだが、沖縄統治のためには、旧琉球王国の支配層の力が必要なのだ。

ここにおいて政府の実力者たちは、茂憲の召還を決めた。

一方茂憲は、沖縄県民のためにすべてを捧げる覚悟であった。それは、政府高官に沖縄の窮状と改革を訴えて沖縄に戻るさい、東京にいる妻の兼《かね》と子供たちを伴っていたことでもわかる。

政府のやり方は、老獪《ろうかい》であった。茂憲の熱意に応えるというかたちで、太政官《だじょうかん》の山県有朋《やまがたありとも》参事院議長は、参事院議官補の尾崎三良《おざきさぶろう》を民情調査のためとして沖縄県へ派遣した。

尾崎は、帰任した茂憲とともに先島諸島の巡察に同行した。だが、そんな尾崎が政府に提出した復命書は、「県令や県の役人がみだりに旧習を改めようとし、民情を損っている」という悪意に満ちたものであった。

これを受けて政府は、会計検査院長の岩村通俊《いわむらみちとし》を沖縄に派遣した。官僚としては、茂憲より位が高く、なおかつ、岩村には県令を指揮・監督できる権限が与えられていた。

さっそく岩村は沖縄各地を視察するとともに、茂憲の側近・池田成章に対し、「上杉県令は、政府が旧慣温存政策をとっているにもかかわらず、政府の許可を受けずに旧習を改変しているのは職権を超えたものだ」と批判した。

ただ、茂憲との話し合いでは穏便に応対し、政府に侮辱されたと腹を立てて辞職しようとする茂憲をなだめ、元老院に転出することを納得させたといわれる。

この時期、東京にいる相談人の宮島誠一郎らも茂憲に意見書を送っている。「とにかくここは忍耐してほしい。そうしなければ開運どころか、悪名がとどろいてしまう」という自重を求めた内容だった。かくして明治十六年四月三日、上杉茂憲は沖縄県令の職を解かれ、元老院議官に転出した。代わって三代沖縄県令に任じられたのは、岩村通俊であった。岩村はこれまでの茂憲の改革をすべて否定して旧習に戻してしまった。きっと茂憲も無念だったろう。

留学生の派遣

沖縄を去るにあたり、茂憲は奨学金として三千円を沖縄県に寄付した。これは当時としては破格な金額であった。

茂憲は在職中、初めて県費で東京へ留学生を派遣している。太田朝敷《おおたちょうふ》、岸本賀昌《きしもとがしょう》、高嶺朝教《たかみねちょうきょう》、山口全述、謝花昇《じゃはなのぼる》の五名である。

彼らはのちに衆議院議員、首里《しゅり》市長、沖縄県最初の新聞『琉球新報』の創刊、沖縄共立銀行頭取など、沖縄県の近代化をになう逸材に育った。とくに農民出身だった謝花昇は、茂憲の意志を継ぐかのように、農政改革や自由民権運動、参政権獲得運動を展開した。

上杉茂憲はその後、七十六歳の長生を保ち、大正八年（一九一九）に死去した。なお、彼が沖縄を離れる直前、三女が誕生したが、茂憲はその子を「於琉《おりゅう》」と命名した。

いうまでもなく琉球の「琉」である。いかに彼が沖縄を愛していたかがよくわかる。

亀井茲監

国づくりは教育にありを実践

文政八年（一八二五）～明治十八年（一八八五）

かめい これみ

筑後国久留米藩主・有馬頼徳の次男として生まれる。天保10年（1839）に、石見国津和野藩主・亀井茲方の養子となり、茲方の隠居に伴い藩主の座につく。学問が大切であるとの思想から、藩校「養老館」の改革をおこない、岡熊臣を登用する。

長州藩とは隣り合っており、長州征討のさいには、攻め込まれないように協定を結んだ。明治になってからも、西周を招聘するなど学問に力を入れた。

津和野《つわの》藩

関ヶ原の戦い後、坂崎直盛が入り、元和２年（1616）に死亡したあと、亀井政矩が入り、亀井氏が幕末まで続く。天明６年（1786）、八代藩主・矩賢が藩校「養老館」をつくる。茲監が岡熊臣などを登用し、充実させた。

亀井茲監（津和野町教育委員会蔵）

困難な時代の舵取りを任された少年藩主

石見国《いわみのくに》（島根県西部）津和野《つわの》は、山々に囲まれたすり鉢状の小さな高台盆地である。その昔、この一帯に石蕗《つわぶき》の花が咲き乱れていたので、誰ともなくこの地域を「津和野」と呼ぶようになったという。

元和《げんな》三年（一六一七）、この地に外様《とざま》大名の亀井政矩《かめいまさのり》が入封し、以後、廃藩置県まで津和野は亀井氏の支配するところとなった。そんな津和野藩最後の藩主が十一代・亀《かめ》井茲監《いこれみ》である。茲監は久留米《くるめ》藩主・有馬頼徳《ありまよりのり》の次男で、幕府の昌平坂学問所《しょうへいざかがくもんじょ》で儒学を学び、さらに天文学、暦学、数学などを修得、弓術や槍術、剣術や馬術にも秀でていた。十五歳になった天保《てんぽう》十年（一八三九）、茲監は津和野十代藩主・亀井茲方《かめいこれかた》の養子となったが、翌年、茲方は病弱を理由に茲監へ藩主の座を譲った。かくして十六歳の少年藩主が誕生したのだ。

茲監は、猛然と藩政改革に取り組んだ。なかでも教育分野を改革の最重要課題と位置づけた。天保十四年（一八四三）、有能な藩士を江戸や大坂へ遊学させて、一流の学問を身につけさせた。これまでのように重臣に限らず、武士としては身分の軽い藩医、さらには町医者の子も遊学生のなかに含まれていた。思い切った人材抜擢だ。

弘化《こうか》四年（一八四七）、茲監は藩校「養老館」が独立運営できるよう一万両の教育基

養老館（津和野町教育委員会提供）
津和野藩の藩校であった養老館の建物は、津和野町民俗資料館として使用されている

金をひねり出した。江戸深川にある津和野藩の下屋敷を売り払い、七千両の代金に御納戸《おなんど》非常手当金三千両を加え、その金を藩出入りの豪商たちに預け、利子で永久に養老館を運営できる財政基盤を確立したのである。同時に各武道場を校内に設置し、文武両道の学校とした。学問の責任者である文学総司には山口顕蔵、武芸総司には中山和助と豊田弥太夫をすえた。学科についても漢学、医学、礼学、数学、兵学に加え、蘭医学と国学を新設した。そして新たなる教育方針として、

「国体を重んずるを以て基礎となし、人材を挙げて古学を復興し、敬神尚

武を本として大いに藩政を変革せんとする」（加部巖夫編『於杼呂我中《おどろがな》』亀井勤齋伝）
とかかげたのである。古学とはすなわち、国学のこと。『古事記《こじき》』、『日本書紀《にほんしょき》』などの古典を研究・調査し、我が国が仏教や儒教の影響を受ける前の思想・古道を明らかにしようという学問だ。荷田春満《かだのあずままろ》や賀茂真淵《かものまぶち》によって江戸中期に学問として確立され、本居宣長《もとおりのりなが》が大成した。茲監は津和野藩の教育を儒学中心主義から国学中心主義へと転換しようと考えた。

茲監は嘉永《かえい》二年（一八四九）、国学教授の岡熊臣《おかくまおみ》に養老館の学則を創らせた。学則は長文で難解だが、一言で要約すれば「学生は、国学を学問の中心とし、尊王攘夷《そんのうじょうい》を大義としてまじめに勉学に励み、国家有用の人間になれ」ということ。これを撰した岡熊臣は、津和野藩木部の富長八幡宮の宮司の家系に生まれた。国学の大成者・本居宣長の影響を受け、同時にさまざまな軍学を学び、我が国の伝統的な古道にのっとる軍書『兵制新書』を著している。彼はまた、海外のことを記した書物を多数読破し、世界事情にも明るかった。岡熊臣は、他藩が主としている儒学を従とし、国学を養老館教育の中心にすべきだと考えたが、国学教授に抜擢されたときにはすでに六十七歳の高齢だった。余命いくばくもないことを感じ取った熊臣は、漢学科の学生から逸材数名を引き抜いて、彼らに国学を習得させ、かつ高名な国学者・大国隆正《おおくにたかまさ》を藩に招聘《しょうへい》

現在も津和野城跡には石垣が残っている

することを藩主に建言した。
大国隆正は、元津和野藩士であった。
この願いは、二つとも叶えられたが大国隆正が着任する直前、岡熊臣は死去した。

隣の大藩が巻き起こした嵐

文久《ぶんきゅう》三年（一八六三）、津和野藩でも狂信的攘夷思想が城下を覆《おお》い、養老館の開国派教授たちも次々に失脚し、あるいは、殺されたり自害したりしてしまった。

結果、蘭学教授を中心とする養老館開国派が完成させた洋式軍制も、復古をとなえる尊攘派によって古式へと戻された。

しかし、同年八月十八日の政変とそれに続く禁門の変によって志士は朝廷から一掃され、公武合体派が朝廷を牛耳るようになる。さらに元治《げんじ》元年（一八六四）八月、幕府は、朝敵と認定された長州《ちょうしゅう》藩の征討を決定、津和野藩も山陰道征討軍先鋒に任じられ、十一月に進軍することになった。

長州との外交

長州藩は津和野に隣接する大藩であり、長州領へ攻め込むことに藩士は大きな抵抗感をもったが、幕命ゆえ逆らうことは不可能だった。

だが、進撃は中止となった。戦う前に、長州藩が幕府に恭順したからである。けれども慶応《けいおう》二年（一八六六）六月、第二次長州征討が始まる。長州藩との黙契《もっけい》に従って津和野藩は兵を動かさなかった。戦いは、長州軍優勢のうちに驚くべき速さで進んでいき、やがて、長州藩は津和野藩に、幕府の軍目付の引き渡しを求めるようになった。津和野藩はかなり抵抗を見せたが、最終的に軍目付の命の保証を条件に了承せざるを得なくなった。ともあれ、この戦いで津和野藩が長州藩に敵対しなかったことで、のちに、堂々と新政府へ参画することが可能となったのである。

新政府が重用した津和野本学

慶応三年（一八六七）十二月九日、王政復古《おうせいふっこ》の大号令により新政府が成立。総裁《そうさい》・議定《ぎじょう》・参与《さんよ》の三職が置かれた。議定には大藩の大名十数名がついたが、四万三千石ながら茲監も議定に抜擢された。それだけ新政府は茲監に期待していたのだろう。

慶応四年二月、神祇官《じんぎかん》事務局が発足すると、茲監は神祇官事務局判事となり、翌月には事務局輔に昇進した。同三月十四日、明治天皇は京都御所の紫宸殿《ししんでん》において、百官を率いて神々に世論の尊重、開国和親を誓約した。世にいう五箇条《ごかじょう》の御誓文《ごせいもん》である。この儀式は神祇事務局が担当したので、終了後、茲監には神前の鏡や神饌《しんせん》などが下賜《かし》された。

宗教政策に意欲を燃やす

新政府の職制は、同年閏《うるう》四月の政体書によって新たに太政官《だじょうかん》七官制へと変化するが、このおり茲監は神祇官の副知官事《ちかんじ》となった。知官事には公卿が任じられるが、彼らはお飾りに過ぎず、実質的に茲監が神祇官のトップに立ったのである。やがて神祇官は太政官より上位に置かれ、津和野藩の大国隆正、福羽美静《ふくばびせい》ら養老館国学一派が登用された。神祇官は、宗教行政をつかさどる部署。かくして茲監、隆正、美静のトリオが、明治初年の神仏分離、神道国教化運動を進めていくことになる。彼らの手足となって働いたのは、養老館の教授や卒業生たちであった。そういう意味では、藩校「養老館」が日本の宗教行政を動かしたといえるのだ。

幕末、長崎の浦上村《うらかみむら》の人々が隠れキリシタンであることを外国人宣教師に告白した。幕府は、中心人物六十八人を逮捕したが、新政府は浦上村の人々全員（約三千四百人）を検挙するという信じられない手段に出た。

このおり、浦上村の村人たちをどう処置するかについて、新政府は有識者に下問した。亀井茲監や福羽美静は、「村人たちを説得して改宗させるべきだ」と政府に上申した。

この結果、明治政府は、首魁《しゅかい》は長崎で処刑し、村人三千人を名古屋以西の十万石以上の大藩へ配流し、生殺与奪権を預けることにした。

ただ一つ例外があった。それが津和野藩だ。わずか四万三千石ながら、津和野には百五十三名ものキリシタンが送られた。それは、津和野藩が新政府の宗教行政をつかさどっていたからであり、なおかつ「キリシタンは、説得して改宗させるべきだ」と茲監たちが主張したからだと思われる。

この頃、茲監は明治天皇の大坂行幸《ぎょうこう》に供奉《ぐぶ》したり、八月におこなわれる明治天皇の即位式について、中国（唐）の方式をやめて日本式に改めたりしている。日本式といっても、茲監や福羽らが新しく考えた方式で、香炉で焼香するのをやめ、地球儀を用いたところに大きな変更があった。八月二十七日、新しい方式で挙行された即位式が無事終わると、茲監は天皇より小葵文様の衣を褒章として下賜された。さらに翌明治二年（一八六九）三月には、明治天皇の伊勢神宮参拝にあたり、事前調査が茲監に命じられている。これまで天皇が伊勢参拝をしたことがなかったからである。

キリシタン改宗への意地

さて、津和野藩に預けられたキリシタンである。はじめ津和野藩士たちは、温情をもって浦上村の信徒たちに接した。彼らを教化できると信じていたからである。ところが、なかなか改宗しない。このままでは藩主が恥をかく。そんな焦《あせ》りもあったのだろう、方針を転じ、拷問によって改宗を強要することにした。真冬に庭園の泉水のなかに浸けたり、頭から水をかけ素っ裸にして棒で叩いた。また三尺牢《さんじゃくろう》（約九十センチ四方の箱）に放り込んだ。入った人間は、立つことも横臥《おうが》することもできない。しかもこの空間で信者は食べ、寝、そして排泄するのである。一日なら耐えることもできようが、これが何日も続くとなると、精神の平衡《へいこう》を保つのは到底不可能だ。なのに百

キリシタン殉教の悲劇を伝える乙女峠マリア聖堂

五十三名のうち拷問に耐えかねて改宗した者はわずか五十四名。残り三分の二の信者たちは、明治六年（一八七三）にキリスト教が黙認され、自由の身になるまで、ついに改宗しなかった。そのうち、三十六名はひどい拷問により、解放される前に命を落とした。

結局、改宗はうまくいかなかったが、亀井茲監は、福羽や大国の補佐を受け、神仏分離令、大教宣布の詔《みことのり》などを発し、神道の国教化に情熱を注いでいった。しかしながら、神道国教化はうまくいかず、新政府はこの方針を捨て、欧米列強諸国に倣《なら》った近代化政策へ舵を切っていく。

茲監は、明治二年五月に職を免ぜられて麝香間祗候《じゃこうのましこう》となり、天皇の諮問《しもん》を受ける立場になった。多くの大名がこの時期、政府の役職の第一線を退いているから茲監が失脚したわけではなかった。

なお、茲監は天皇から皇道興隆の方法について諮問された。このおり茲監は持論を述べたが、それが集議院《しゅうぎいん》（各藩の代表の議員から構成された組織）で否決されると、茲監は中央政府から距離をおくようになった。

翌六月に藩籍奉還《はんせきほうかん》が命じられ、茲監は津和野藩の知藩事《ちはんじ》となったが、土地と領民を朝廷に返還するといっても、実態は江戸時代の藩政と変わらぬことに茲監は失望し、左近衛中将《さこのえちゅうじょう》、隠岐守《おきのかみ》の官職を返上して津和野に戻った。

そして今後藩が進むべき新たな指針を求めて、西周《にしあまね》を招聘した。

見せしめのために三尺牢に入れられた信者安太郎とマリア像（乙女峠マリア聖堂）

津和野が生んだ大人物・西周

西周は文政《ぶんせい》十二年（一八二九）、津和野藩医・西時義《ときよし》の嫡男《ちゃくなん》として生まれた。その秀才ぶりを高く評価した

西周（国立国会図書館蔵）
津和野出身の啓蒙思想家。「哲学」「芸術」などの言葉をつくった

藩主・亀井茲監は、「家業を継がず、儒学を修得せよ」と命じ、二十一歳で養老館の教師となり、やがて徳川慶喜の側近として仕えた。

明治三年（一八七〇）に西周が茲監に提出した『文武学校基本並《ならび》規則書』には

「小学校科（小学校）を初級学校とし、五〜六歳より十七〜十八歳まで修学する。のち試験により、国学（従来の国学ではなく、武道科に対する文学科）コースと武学（武道科）コースに各々合格すると、二〜四年資業生（予科生）として学び、のち本業生となって、二〜三年勉強する。国学コースは法律科（法学、経済、商業）、史道科（史学、文学）、医科、利用科（数学、理学）の四科として、武学コースは歩騎砲工の各科を専修する」（松島弘著『藩校養老館』）

という構想が書かれてあった。

ただ、西周の『文武学校基本並規則書』は、結局実現を見なかった。

というのは、翌明治四年（一八七一）、津和野藩そのものが消滅してしまうからである。

みずから藩史の幕を引いた最後の藩主

明治四年七月、大久保利通《おおくぼとしみち》と木戸孝允《きどたかよし》が中心となり、薩長土から約七千の御親兵を東京に集め、この軍事力を背景に廃藩置県を宣言した。知藩事を東京に強制移住させ、全国約三百の藩を一気に潰してしまうというクーデターだ。だが、津和野藩はこのときに消滅したわけではない。廃藩置県が政府によって断行される一月半前にみずから廃藩を願い出たのである。

版籍を奉還したといっても、いまだ旧大名が知藩事として藩政をとっていることに不満をもった茲監は、平戸《ひらど》藩、広島《ひろしま》藩、大洲《おおす》藩などに働きかけ、藩を廃絶しようと呼びかけた。だが、諸藩がこれに躊躇《ちゅうちょ》したため、茲監は単独で廃藩を願い出る決意をし、家臣たちにその決心を告げたうえで、明治四年五月二十二日、廃藩の建議書を政府に提出し、知藩事の辞表も差し出したのである。政府がこれを受理したことで、津和野藩は廃藩置県より一足早く地上から消滅したのである。

茲監は、津和野を離れて東京の木挽町《こびきちょう》に居住することになった。だが、翌五年の大火で屋敷が焼失したため、新たに向島《むこうじま》の小梅《こうめ》に転居した。

明治九年、養子の茲明《これあき》に家督を譲った茲監は、翌十年十月、数年ぶりになつかしい津和野の地を訪れ、亀井家の墓参りや諸社に参詣し、旧臣たちと旧交を温めて翌十一年東京へ戻った。だが、翌明治十二年、茲監は旧臣の一部から告訴されてしまうのである。

慶応三年から津和野藩では、藩士の俸禄《ほうろく》の一部を毎年義倉（非常時用倉庫）に備蓄して、万が一のときに使用することに決めていた。俸禄を失い、生活の苦しい旧臣たちが、いまになってそれを返却してほしいと迫ってきたのである。結局、この訴訟は原告の敗訴に終わったが、津和野のために尽くしてきた茲監にとっては、何とも後味の悪いものであったと思われる。

明治十七年、茲監は小石川《こいしかわ》に屋敷を移したが、年末より体調を崩し、熱海《あたみ》で湯治を始めたものの、翌十八年（一八八五）三月、にわかに中風《ちゅうぶ》を発し、帰らぬ人となった。享年六十一であった。

江戸三百藩「最後の藩主総覧」

国名 藩名	名前	生歿年
蝦夷地		
松前	松前修広	一八六五～一九〇五
陸奥		
弘前	津軽承昭	一八四〇～一九一六
黒石	津軽承叙	一八四〇～一九〇三
八戸	南部信順	一八一三～一八七二
七戸	南部信方	一八五八～一九二三
斗南	松平容大	一八六九～一九一〇
盛岡	南部利恭	一八五五～一九〇三
一関	田村崇顕	一八五八～一九二二
仙台	伊達宗基	一八六六～一九一七
相馬中村	相馬誠胤	一八五二～一八九二
二本松	丹羽長裕	一八五九～一八八六
会津	松平容保	一八三六～一八九三
三春	秋田映季	一八五八～一九〇七
守山	松平頼之	一八五八～一八七三
磐城平	安藤信勇	一八四九～一九〇八

国名 藩名	名前	生歿年
笠間	牧野貞寧	一八五七～一九一六
水戸	徳川昭武	一八五三～一九一〇
宍戸	松平頼位	一八一〇～一八八六
下館	石川総管	一八四一～一八九九
下妻	井上正巳	一八五六～一九二一
常陸府中	松平頼策	一八四八～一八八六
土浦	土屋挙直	一八五二～一八九二
谷田部	細川興貫	一八三三～一九〇七
麻生	新庄直敬	一八二一～一八七二
牛久	山口弘達	一八六〇～一九三二
志筑	本堂親久	一八三〇～一八九五
下野		
大田原	大田原一清	一八六一～一九三〇
黒羽	大関増勤	一八五二～一九〇五
高徳	戸田忠綱	一八四〇～一九二二
喜連川	足利聡氏	一八五七～歿年不詳
烏山	大久保忠順	一八五七～一九一四
宇都宮	戸田忠友	一八四七～一九二四
壬生	鳥居忠宝	一八四五～一八八五

＊基本的に、明治9年（1869）実施の版籍奉還前後を通して藩主だった人物を掲載。

湯長谷	内藤政憲	一八四八〜一九一九
泉	本多忠伸	一八五二〜一九〇三
棚倉	阿部正功	一八六〇〜一九二五
出羽		
久保田（秋田）	佐竹義堯	一八二五〜一八八四
岩崎（秋田新田）	佐竹義理	一八五八〜一九一四
本荘	六郷政鑑	一八四八〜一九〇七
亀田	岩城隆彰	一八六三〜一八七九
矢島	生駒親敬	一八四九〜一八八〇
出羽松山	酒井忠匡	一八五七〜一九一一
庄内	酒井忠宝	一八五六〜一九二一
新庄	戸沢正実	一八三二〜一八九六
長瀞	米津政敏	一八五一〜一八九五
天童	織田寿重丸	一八六六〜一八七一
山形	水野忠弘	一八五六〜一九〇五
上山	松平信安	一八六四〜一九一八
米沢	上杉茂憲	一八四四〜一九一九
米沢新田	上杉勝道	一八二六〜一八九六
常陸		
常陸松岡	中山信徴	一八四六〜一九一七

吹上	有馬氏弘	一八五〇〜歿年不詳
足利	戸田忠行	一八四七〜一九一八
佐野	堀田正頌	一八四二〜一八九六
上野		
沼田	土岐頼知	一八四九〜一九一一
前橋	松平直克	一八四〇〜一八九七
安中	板倉勝殷	一八二〇〜一八七三
高崎	大河内輝声	一八四八〜一八八二
伊勢崎	酒井忠彰	一八五二〜一八九六
七日市	前田利豁	一八二三〜一八七七
小幡	松平忠恕	一八二五〜一九〇二
吉井	松平（吉井）信謹	一八五三〜一九〇八
館林	秋元礼朝	一八四八〜一八八三
下総		
結城	水野勝寛	一八五六〜一八七三
古河	土井利与	一八五一〜一九二九
関宿	久世広業	一八五八〜一九一一
佐倉	堀田正倫	一八五一〜一九一一
高岡	井上正順	一八五四〜一九〇四

国名 藩名	名前	生歿年
小見川	内田正学	一八四七～一九一〇
多古	久松勝行	一八三二～一八六九
生実	森川俊方	一八五〇～一八七七
上総		
鶴牧	水野忠順	一八二四～一八八四
請西	林忠崇	一八四八～一九四一
飯野	保科正益	一八三三～一八八八
一宮	加納久宜	一八四八～一九一九
久留里	黒田直養	一八四九～一九一九
佐貫	阿部正恒	一八三九～一八九九
大多喜	松平（大河内）正質	一八四四～一九〇一
鶴舞	井上正直	一八三七～一九〇四
菊間	水野忠敬	一八五一～一九〇七
柴山（松尾）	太田資美	一八五四～一九一三
小久保	田沼意尊	一八一八～一八七〇
桜井	松平（滝脇）信敏	一八五一～一八八七

国名 藩名	名前	生歿年
三根山（嶺岡）	牧野忠泰	一八四五～一八八二
村松	堀直弘	一八六一～一九一九
与板	井伊直安	一八五一～一九三五
長岡	牧野忠毅	一八五九～一九一八
椎谷	堀之美	一八四七～一八八二
高田	榊原政敬	一八四五～一九二七
糸魚川（清崎）	松平直静	一八四八～一九一三
越中		
富山	前田利同	一八五六～一九二一
加賀		
加賀（金沢）	前田慶寧	一八三〇～一八七四
大聖寺	前田利鬯	一八四一～一九二〇
越前		
丸岡	有馬道純	一八三七～一九〇三
越前勝山	小笠原長守	一八三四～一八九一
大野	土井利恒	一八四八～一八九三
鯖江	間部詮道	一八五三～一八九二

鶴舞藩として、駿河の田中藩、遠江の横須賀藩が、安房の長尾藩、花房藩として移封・立藩された。桜井藩は戊辰戦争時に改易された請西藩の旧地を領した。

安房		
安房勝山	酒井忠美	一八五八〜一九二三
館山	稲葉正善	一八四八〜一九〇二
花房（一部上総）	西尾忠篤	一八五〇〜一九一〇
長尾	本多正訥	一八二七〜一八八五
武蔵		
忍	松平忠誠	一八四〇〜一八六九
岩槻	大岡忠貫	一八四七〜一九二〇
川越	松平（松井）康載	一八五四〜一九二三
武蔵金沢（六浦）	米倉昌言	一八三七〜一九〇九
相模		
小田原	大久保忠良	一八五七〜一八七七
荻野山中	大久保教義	一八二五〜一八八五
越後		
村上	内藤信美	一八五五〜一九二五
黒川	柳沢光邦	一八五四〜一九二三
三日市	柳沢徳忠	一八五四〜一九三六
新発田	溝口直正	一八五五〜一九一九

敦賀	酒井忠経	一八四八〜一八八四
福井	松平茂昭	一八三六〜一八九〇
若狭		
小浜	酒井忠禄（義）	一八一三〜一八七三
信濃		
飯山	本多助寵	一八五四〜一八六九
須坂	堀直明	一八三九〜一八八五
松代	真田幸民	一八五〇〜一九〇三
上田	松平忠礼	一八五〇〜一八九五
小諸	牧野康済（民）	一八四一〜一八八二？
岩村田	内藤正誠	一八四五〜一八八〇
松本	松平（戸田）光則	一八二八〜一八九二
奥殿（田野口、龍岡）	松平乗謨（大給恒）	一八三九〜一九一〇
諏訪	諏訪忠礼	一八五三〜一八七八
飯田	堀親広	一八四九〜一八九九
高遠	内藤頼直	一八四〇〜一八七九
駿河・遠江		
静岡	徳川家達	一八六三〜一九四〇

＊徳川宗家（家達）が静岡藩（駿河・遠江・三河）へ入封するさいに、駿河の沼津藩、小島藩、遠江の相良藩、掛川藩、浜松藩が、上総の菊間藩、桜井藩、小久保藩、柴山藩、↗

国名 藩名	名前	生歿年
堀江	大沢基寿	生歿年不詳、石高詐称で華族から除名
三河		
岡部（半原）	安部信発	一八四七〜一八九五
三河吉田	松平（大河内）信古	一八二九〜一八八八
田原	三宅康保	一八三一〜一八九五
西大平	大岡忠敬	一八二八〜一八八七
岡崎	本多忠直	一八四四〜一八八〇
挙母	内藤文成	一八五六〜一九〇一
西尾	松平乗秩	一八三九〜一八七三
刈谷	土井利教	一八四六?〜一八七二?
西端	本多忠鵬	一八五八〜一八九六
重原	板倉勝達	一八三九〜一九一三
大垣新田	戸田氏良	一八三九〜一八九二
美濃		
郡上	青山幸宜	一八五四〜一九三〇
岩村	松平乗命	一八四八〜一九〇五
加納	永井尚服	一八三四〜一八八五

国名 藩名	名前	生歿年
紀伊田辺	安藤直裕	一八二一〜一八八五
紀伊新宮	水野忠幹	一八三八〜一九〇二
近江		
近江宮川	堀田正養	一八四八〜一九一一
彦根	井伊直憲	一八四八〜一九〇四
大溝	分部光貞	一八一六〜一八七〇
山上	稲垣太清	一八四〇〜一八八八
三上	遠藤胤城	一八三八〜一九〇九
仁正寺	市橋長義（和）	一八二一〜一八八二
膳所	本多康穣	一八三六〜一九一二
水口	加藤明実	一八四八〜一九〇六
山城		
淀	稲葉正邦	一八三四〜一八九八
大和		
柳生	柳生俊益	一八五一〜一九二七
郡山	柳沢保申	一八四六〜一八九三
小泉	片桐貞篤	一八四一〜一八八三
柳本	織田信及	一八四四〜一八八九
芝村	織田長易	一八二四〜一八七三

＊大垣新田藩の領地は三河と美濃をまたぐが、藩庁のあった三河に掲載。

高須	松平義勇	一八五九～一八九一
苗木	遠山友禄	一八一九～一八九四
今尾	竹腰正旧	一八五一～一九一〇
高富	本庄道美	一八二〇～一八七六
大垣	戸田氏共	一八五四～一九三六
尾張		
尾張（名古屋）	徳川義宜	一八五八～一八七五
犬山	成瀬正肥	一八三六～一九〇三
伊勢		
長島	増山正同	一八四三～一八八七
桑名	松平定敬	一八四七～一九〇八
菰野	土方雄永	一八五一～一八八四
神戸	本多忠貫	一八三四～一八九八
伊勢亀山	石川成之	一八五五～一八七八
津	藤堂高猷	一八一三～一八九五
久居	藤堂高邦	一八四六～一九〇二
志摩		
鳥羽	稲垣長敬	一八五四～一九二〇
紀伊		
紀州	徳川茂承	一八四四～一九〇六

高取	植村家壺	一八四七～一九二〇
櫛羅	永井直哉	一八五〇～一九一二
田原本	平野長裕	一八四五～一八七二
河内		
丹南	高木正坦	一八二九～一八九一
狭山	北条氏恭	一八四五～一九一九
和泉		
伯太	渡辺章綱	一八三三～一八九四
岸和田	岡部長職	一八五五～一九二五
摂津		
高槻	永井直諒	一八五〇～一九一九
三田	九鬼隆義	一八三七～一八九一
麻田	青木重義	一八五三～一八八四
尼崎	松平忠興	一八四八～一八九五
丹波		
山家	谷衛滋	一八一七～一八七五
園部	小出英尚	一八四九～一九〇五
丹波亀山	松平信正	一八五二～一九〇九
綾部	九鬼隆備	一八三四～一八九七
柏原	織田信親	一八五一～一九二七
福知山	朽木為綱	一八四五～一八八三

国名 藩名	名前	生歿年
篠山	青山忠敏	一八三四～一八七三
丹後 峰山	京極高陳	一八三九～歿年不詳
宮津	松平（本庄）宗武	一八四六～一八九三
丹後田辺（舞鶴）	牧野弼成	一八五四～一九二四
但馬 豊岡	京極高厚	一八二九～一九〇五
出石	仙石久利	一八二〇～一八九七
村岡	山名義済	一八三六～一八七一
播磨 三日月	森俊滋	一八三三～一八七九
明石	松平直致	一八四九～一八八四
小野	一柳末徳	一八五〇～一九二二
三草	丹羽氏中	一八三六～一八八四
姫路	酒井忠邦	一八五四～一八七九
林田	建部政世	一八五五～一八七七
龍野	脇坂安斐	一八四〇～一九〇八

国名 藩名	名前	生歿年
備前 岡山	池田章政	一八三六～一九〇三
備中 庭瀬	板倉勝弘	一八三八～一九〇九
足守	木下利恭	一八三二～一八九〇
浅尾	蒔田広孝	一八四九～一九一八
新見	関長克	一八四〇～一八七七
生坂（岡山新田）	池田政礼	一八五〇～一九〇七
鴨方（岡山新田）	池田政保	一八六五～一九三九
備中松山	板倉勝弼	一八四六～一八九六
岡田	伊東長𪀚	一八四四～一九〇〇
成羽	山崎治祇	一八五五～一九〇九
備後 福山	阿部正桓	一八五二～一九一四
安芸 広島新田	浅野長厚	一八四三～一八七三
広島	浅野長勲	一八四二～一九三七

安志	小笠原貞孚	一八五〇～一九〇五
山崎	本多忠明	一八三三～一九〇一
赤穂	森忠儀	一八五〇～一八八五
福本	池田徳潤	一八四七～一九二九
因幡		
鹿奴（鳥取東館新田）	池田徳澄	一八五四～一八七六
鳥取	池田慶徳	一八三七～一八七七
若桜（鳥取西館新田）	池田徳定	一八四八～一九一〇
出雲		
母里	松平直哉	一八四八～一八九七
広瀬	松平直巳	一八三二～一九一七
松江	松平定安	一八三五～一八八二
石見		
津和野	亀井茲監	一八二五～一八八五
美作		
津山	松平慶倫	一八二七～一八七一
鶴田	松平武聰	一八四二～一八八二
美作勝山（真島）	三浦顕次	一八四七～一八九五

周防		
岩国	吉川経健	一八五五～一九〇九
徳山	毛利元蕃	一八一六～一八八四
長門		
長州	毛利元徳	一八三九～一八九六
清末	毛利元純	一八三二～一八七五
長府	毛利元敏	一八四九～一九〇八
阿波		
徳島	蜂須賀茂韶	一八四六～一九一八
讃岐		
高松	松平頼聰	一八三四～一九〇三
丸亀	京極朗徹	一八二八～一八八二
多度津	京極高典	一八三六～一九〇六
伊予		
西条	松平頼英	一八四三～一九〇五
小松	一柳頼紹	一八二二～一八六九
今治	松平（久松）定法	一八三五～一九〇一
松山	松平（久松）勝成	一八三二～一九一二
大洲	加藤泰秋	一八四六～一九二六

国名 藩名	名前	生歿年
新谷	加藤泰令	一八三八〜一九一三
伊予吉田	伊達宗敬	一八五一〜一八七六
宇和島	伊達宗徳	一八三〇〜一九〇五
土佐		
土佐（高知）	山内豊範	一八四六〜一八八六
土佐新田	山内豊誠	一八四二〜一九〇八
筑前		
福岡	黒田長知	一八三八〜一九〇二
秋月	黒田長徳	一八四八〜一八九二
筑後		
久留米	有馬頼咸	一八二八〜一八八一
柳河	立花鑑寛	一八二九〜一九〇九
三池	立花種恭	一八三六〜一九〇五
豊前		
小倉	小笠原忠忱	一八六二〜一八九七
小倉新田	小笠原貞正	一八四〇〜一九〇六
中津	奥平昌邁	一八五五〜一八八四
豊後		
杵築	松平親貴	一八三八〜一八八二

国名 藩名	名前	生歿年
肥後		
熊本	細川韶邦	一八三五〜一八七六
宇土	細川行真	一八四二〜一九〇二
高瀬（肥後新田）	細川利永	一八二九〜一九〇一
人吉	相良頼基	一八四一〜一八八五
日向		
延岡	内藤政挙	一八五〇?〜一九二七
高鍋	秋月種殷	一八一七〜一八七四
佐土原	島津忠寛	一八二八〜一八九六
飫肥	伊東祐相	一八一二〜一八七四
薩摩		
薩摩	島津忠義	一八四〇〜一八九七

日出	木下俊愿	一八三七～一八八〇
森	久留島通靖	一八五一～一八七九
府内	大給（松平）近説	一八二八～一八八六
臼杵	稲葉久通	一八四三～一八九三
岡	中川久昭	一八二〇～一八八九
佐伯	毛利高謙	一八四〇～一八七六
肥前		
唐津	小笠原長国	一八二四?～一八七七
佐賀	鍋島直大	一八四六～一九二一
蓮池	鍋島直紀	一八二六～一八九一
小城	鍋島直虎	一八五六～一九二五
鹿島	鍋島直彬	一八四四～一九一五
平戸	松浦詮	一八四〇～一九〇八
平戸新田	松浦脩	一八三二～一九〇六
大村	大村純熈	一八三一～一八八二
島原	松平忠和	一八五一～一九一七
福江（五島）	五島盛徳	一八四〇～一八七五
対馬		
対馬（厳原）	宗義達（重正）	一八四七～一九〇二

【参考文献】

林忠崇著『一夢林翁手稿戊辰出陣記』
中村彰彦著『脱藩大名の戊辰戦争』中公新書
相田泰三著『松平容保公伝』会津史談会
中村彰彦著『松平容保は朝敵にあらず』中公文庫
須見裕著『徳川昭武—万博殿様一代記』中公新書
小川原正道著『評伝　岡部長職—明治を生きた最後の藩主』慶應義塾大学出版会
相澤正彦編『岸和田志』和泉刊行会
浅野長勲著　手島益雄編『浅野長勲自叙伝』平野書房
平尾道雄著『人物叢書　新装版　山内容堂』吉川弘文館
勝海舟著　江藤淳・松浦玲編『氷川清話』講談社学術文庫
千頭清臣著『坂本龍馬』博文館
浅見雅男著『華族誕生—名誉と体面の明治』中公文庫
松島弘著『藩校養老館』津和野歴史シリーズ刊行会
巌本善治編　勝部真長校注『新訂　海舟座談』岩波書店

池田成章著「過越方の記」『米沢市史　第四巻　近代編』所収
童門冬二著『上杉茂憲――沖縄県令になった最後の米沢藩主』祥伝社新書
岡田鴨里編『蜂須賀家記』阿波郷土会
蜂須賀年子著『大名華族』三笠書房
稲葉博著「かながわの社寺縁起夜話　座間　竜源院物語　最後の大名林忠崇」『かながわ風土記
第97号』所収
伊藤真希著「子爵岡部長景の家庭教育」『愛知淑徳大学現代社会研究科研究報告（7）』所収
徳川恒孝監修『家康・吉宗・家達～転換期の徳川家～』徳川記念財団
巌本善治編集『女学雑誌』第三百五十二号
奈良本辰也監修『幕末維新人名事典』學藝書林
『別冊歴史読本　徳川300藩　最後の藩主人物事典』新人物往来社
樋口雄彦著『第十六代徳川家達―その後の徳川家と近代日本』祥伝社新書

◉河合 敦（かわい・あつし）
歴史研究家・歴史作家・多摩大学客員教授、早稲田大学非常勤講師。一九六五年、東京都生まれ。青山大学文学部史学科卒業。早稲田大学大学院博士課程単位取得満期退学。歴史書籍の執筆、監修のほか、講演やテレビ出演も精力的にこなす。近著に『早わかり日本史』（日本実業出版社）、『逆転した日本史』、『逆転した江戸史』（小社）、『知ってる？偉人たちのこんな名言』シリーズ（ミネルヴァ書房）、『繰り返す日本史』（青春新書インテリジェンス）など多数。初の小説『窮鼠の一矢』（新泉社）を二〇一七年に上梓。

本書は『殿様は「明治」をどう生きたのか』（洋泉社歴史新書）を文庫化したものです。

殿様は「明治」をどう生きたのか

発行日　2021年1月10日　初版第1刷発行
　　　　2021年6月20日　　　第8刷発行

著　者　河合 敦

発行者　久保田榮一
発行所　株式会社 扶桑社

〒105-8070
東京都港区芝浦1-1-1　浜松町ビルディング
電話　03-6368-8870(編集)
　　　03-6368-8891(郵便室)
www.fusosha.co.jp

印刷・製本　図書印刷株式会社

定価はカバーに表示してあります。
　ISBN 978-4-594-08696-1